# 탁월한 팀을 만드는
# 55가지 도구와 기법
## 팀코칭 툴킷

First published in Great Britain by Practical Inspiration Publishing, 2017

© Tony Llewellyn, 2017

Th e moral rights of the author have been asserted

ISBN (print): 978-1-910056-65-3
ISBN (ebook): 978-1-910056-64-6 (Kindle)
ISBN (ebook): 978-1-910056-73-8 (ePub)

All rights reserved. Th is book or any portion thereof may not be reproduced without the express written permission of the author.

Copyright © 2017
This transition of The Team Coaching Toolkit by Tony Llewellyn is published bt arrangement with Alison Jones Business Services Ltd trading as Practical Inspiration Publishing All Rights reserved.

Korean Translation Copyright © 2024 by Korea Coaching Supervision Academy
Korean edition is published by arrangement with Practical Inspiration Publishing through Imprima Korea Agency

이 책의 한국어판 저작권은 Imprima Korea Agency를 통해 Practical Inspiration Publishing와의 독점 계약으로 한국코칭수퍼비전아카데미에 있습니다. 저작권법에 의해 한국 내에서 보호를 받는 저작물이므로 무단전재와 무단복제를 금합니다.

호모코치쿠스 52

# 탁월한 팀을 만드는 55가지 도구와 기법
## 팀코칭 툴킷

THE TEAM COACHING TOOLKIT
55 Tools and Techniques for Building Brilliant Teams

토니 르웰린 지음
박순천, 박정화, 윤선동 옮김

코칭북스

# 목차

역자 서문 ······ 8
이 책의 사용법 ······ 11

**1부. 이론** ······ 13
  1장. 개요 ······ 15
  2장. 도구를 사용하여 팀 역동 관계 형성하기 ······ 31
  3장. 팀코치의 등장 ······ 49

**2부. 팀코칭 기법** ······ 73
  기법 1. 시스템적 사고와 영향력 영역 ······ 77
  기법 2. 사고하는 환경 조성하기 ······ 85
  기법 3. 속도를 높이려면 속도를 늦춰라 ······ 91
  기법 4. 호기심 질문 ······ 97
  기법 5. 영향력 있는 질문 ······ 101
  기법 6. 단서를 찾기 위한 듣기 ······ 107
  기법 7. '애자일' 마인드셋 도입 ······ 113
  기법 8. 사례 이야기 활용하기 ······ 119
  기법 9. 시각 정보의 중요성 ······ 125
  기법 10. 복잡성 속에서 성숙함 개발 ······ 133

## 3부. 팀코칭 도구들 ····· 139

### 4장. 팀 환경 평가를 위한 도구 ····· 143
- 도구 1. 프로젝트가 복잡성을 갖는가? 또는 단순히 복잡한가? ····· 145
- 도구 2. 프로젝트 환경 진단 ····· 149
- 도구 3. 이해관계자 패러독스 표현하기 ····· 155
- 도구 4. 차 한 잔 회의 ····· 161
- 도구 5. 문화 다양성 장려하기 ····· 167
- 도구 6. 위험한 가정과 믿음의 도약 ····· 173
- 도구 7. 직무가 아닌 역할 ····· 177
- 도구 8. 역장 분석 ····· 183
- 도구 9. 격동기 단계에서 살아남기 ····· 189

### 5장. 효과적인 팀 구성을 위한 도구 ····· 193
- 도구 10. 큰 '왜?' ····· 195
- 도구 11. 외향적 사고와 내향적 사고 ····· 201
- 도구 12. 과거에서 얻은 교훈 ····· 205
- 도구 13. 참여 규칙 수립하기 ····· 209
- 도구 14. 피드백 수용 동의하기 ····· 215
- 도구 15. 미래 스토리 만들기 ····· 221
- 도구 16. 동기를 부여하거나 짜증 나게 하는 방법 ····· 227
- 도구 17. 협업 캔버스 ····· 233
- 도구 18. 행동 중력에 대한 인식 형성 ····· 237
- 도구 19. '비난 금지' 문화 확립 ····· 241
- 도구 20. 팀 통합 매뉴얼 ····· 247

### 6장. 커뮤니케이션 향상을 위한 도구 ····· 253
- 도구 21. 협업 및 통합 작업 흐름 구축하기 ····· 255
- 도구 22. 협업의 언어 ····· 259
- 도구 23. 팀 심리측정 프로필 구축하기 ····· 263
- 도구 24. 모두가 말하고, 모두가 듣기 ····· 269
- 도구 25. 시스템적인 문제 해결 모델 ····· 273
- 도구 26. 누가 바보 역할을 연기할까? ····· 277
- 도구 27. '그래서 뭐?' 의견 제시자 ····· 281

도구 28. 회의 전략 합의 ····· 285
도구 29. 코끼리 식별하기 ····· 289
도구 30. '여분의 의자'의 지각적 위치 ····· 295
도구 31. 이해관계자 지원 구축 ····· 299

7장. 회복탄력성을 위한 도구 ····· 303
도구 32. 리셋 버튼 누르기 ····· 305
도구 33. 회복탄력성 온도 측정하기 ····· 313
도구 34. 건설적인 도전 과제 ····· 317
도구 35. 곤란한 뉴스에 대처하는 방법 ····· 323
도구 36. 결함 없는 갈등관리와 '사악한 천재' ····· 329
도구 37. 울타리와 움푹 팬 구멍 ····· 335
도구 38. 사전 분석 ····· 341

8장. 학습, 혁신 및 개선을 장려하기 위한 도구 ····· 347
도구 39. 중간 검토 ····· 349
도구 40. 지식 재고 조사 ····· 353
도구 41. 지식 수집하기 ····· 357
도구 42. 성과는 어떻습니까? - 팀 핵심 성과 지표 ····· 361
도구 43. 창의적 사고를 위한 장벽 제거 ····· 367
도구 44. 성공적인 '교훈 얻기' 세션 진행하기 ····· 371
도구 45. 목적에 맞는 마무리 ····· 377

## 4부. 다음은? ····· 381
9장. 읽기 목록과 기타 자료 ····· 383

참고 문헌 ····· 385
역자 소개 ····· 388
발간사 ····· 395

[그림 1] 효과적인 팀의 기본 계층 ⋯⋯ 37
[그림 2] 팀코칭 모델 ⋯⋯ 66, 141
[그림 2A] 팀코칭 모델: 환경 진단하기 ⋯⋯ 143
[그림 2B] 팀코칭 모델: 설정하기 ⋯⋯ 193
[그림 2C] 팀코칭 모델: 커뮤니케이션하기 ⋯⋯ 253
[그림 2D] 팀코칭 모델: 회복탄력성 구축하기 ⋯⋯ 303
[그림 2E] 팀코칭 모델: 개선 및 학습하기 ⋯⋯ 347
[그림 3] 영향력 영역 ⋯⋯ 79
[그림 4] 프로젝트 환경 진단 ⋯⋯ 152
[그림 5] 일반적인 프로젝트 패러독스의 예 ⋯⋯ 157
[그림 6] 역장 분석의 예 ⋯⋯ 185
[그림 7] 내향적-외향적 연속체 ⋯⋯ 203
[그림 8] 좋은 회의/나쁜 회의 연습 그림 ⋯⋯ 212
[그림 9] 동기를 부여하거나 짜증 나게 하는 방법 연습을 위한 설정 ⋯⋯ 230
[그림 10] 협업 캔버스 예시 ⋯⋯ 235
[그림 11] 행동 중력의 도표 ⋯⋯ 238
[그림 12] '비난 금지' 프로토콜 ⋯⋯ 243
[그림 13] 건설적인 도전 과제 주기 ⋯⋯ 319
[그림 14] 퀴블러-로스 변화 곡선 ⋯⋯ 324
[그림 15] 결함 없는 갈등 해결 프로세스 ⋯⋯ 330
[그림 16] 울타리와 움푹 팬 구멍 ⋯⋯ 337

[표 1] 팀 빌딩 프로세스의 기본 계층 ⋯⋯ 38
[표 2] 실제 팀 체크리스트 ⋯⋯ 40
[표 3] 프로젝트 관리에 대한 접근 방식 변화 ⋯⋯ 61
[표 4] 복잡함 또는 복잡성 ⋯⋯ 147
[표 5] 피드백을 얻기 위한 다른 접근 방식 ⋯⋯ 218
[표 6] 문의형 언어 대 통제형 언어 스타일 ⋯⋯ 260
[표 7] 회의 전략 안내 ⋯⋯ 286
[표 8] 팀 행동에 영향을 미치는 것으로 밝혀진 핵심 성과 지표(KPI)의 예시 ⋯⋯ 363

## 역자 서문

이 책은 팀 개발에 관심이 있고, 조직 생활을 하면서 고민이 있는 누구에게나 도움이 된다. 팀코칭은 종합예술이다. 다학제적 융합 학문이다. 팀코치는 근거 이론을 정확하게 이해해야 하고, 팀코치로서 마인드셋, 프레즌스, 자질과 스킬이 모두 갖추어진 가운데, 현장에서 동시다발적으로 발생하는 상황과 맥락, 시스템 안에서 그 역량이 발휘되어야 한다. 마치 재즈처럼 즉흥연주가 되기도 하고, 잘 숙련된 오케스트라의 공연이 펼쳐지기도 한다. 때로는 무대 연극 배우처럼, 매우 활동적이고 드라마틱한 요소가 펼쳐지기도 한다. 팀코치가 되려면 연극과 뮤지컬을 배워야 하는가? 때로는 도전을 받기도 한다.

2023년 여름, 팀코칭 관련 외국 서적을 살펴보다가 눈에 확 뜨이는 제목을 발견했다. 바로 "Team Coaching Toolkit"이었고,

이 책에 강하게 이끌렸다. 처음으로 먼저 번역하겠다고 손을 들었다. 팀코칭의 강력한 기법과 도구를 갖게 되면, 언제 어디서나 사용할 내 손안의 무기가 장착되는 줄 알았다. 그러나 역자들과 학습을 거듭할수록, 이 책이 전하는 기법과 도구 안에 숨겨진 비밀을 만나게 되었다. 팀코칭을 대하는 철학과 태도, 인간에 대한 호기심, 조직 내 이루어지는 팀 역동의 원리였다. 이 책은 이론, 기법, 도구를 연결하여, 팀코칭이 이루어지는 현장에서, 팀코치가 어떻게 접근하고, 단계별로 어떻게 걸음을 걸어야 할지 친절하게 안내해 준다. 코칭을 왈츠로 비유하자면, 리듬과 템포, 스텝과 스텝 사이의 여운이 있듯이, 팀코치가 만들어 가는 공간에는 하나의 동작, 미세한 연결의 추임새, 새로운 팀의 언어, 조화로운 음악과 연출이 복합적으로 공존한다. 그러니 '기법과 도구'라는 말에 함부로 홀리지 마라. 그럼에도 탁월한 팀을 만들어 가는 비법은 존재한다. 천천히 여백의 미를 즐기면서 예술적 공간을 만들며, 기법과 도구가 초대하는 속삭임에 귀 기울여 보기 바란다. 어느덧 그 길을 가다보면, 팀코칭을 하는 현장이 너무나 다이내믹하고, 팀코칭을 경험하는 팀 리더와 구성원들의 눈빛과 행동의 변화와 반응에 흠뻑 빠져들게 된다. 그 안에 팀코치로서 있다는 사실 만으로도 짜릿하고 흥분되는 순간이다. 구조화, 반구조화, 비구조화된 팀코칭 프로세스 안에서 팀코치의 프레즌스, 마인드셋에 따라 팀 내 역동과 맞물려, 풍랑과 파도의 물결을 때로는 기다리기도 하고 만들어가기도 하면서 온전히 그

순간을 체험하게 되리라 기대한다. 시스템 맥락에서 복잡성을 다룰 수 있는 진정한 팀코치로서 거듭나기 위한 여정에 동참할 여러분을 초대한다.

흔쾌히 이 책의 번역을 허락해주신 김상복 코치님, 함께 학습을 하는 도반 역자 코치님들, 교정 교열의 치열함 속에서도 미소가 멋지신 정익구 코치님, 그리고 아름답고 매력적인 디자인을 살펴봐 주시는 이상진 선생님께 감사의 말씀을 전한다. 특히, "수요일 비범한 팀을 만드는 탁월한 기법과 도구"에 참여해 주시며, 응원을 아끼지 않으신 코치님들께 따뜻한 눈 인사를 전한다.

2024년 8월 여름 날
역자 박순천, 박정화, 윤선동

# 이 책의 사용법

이 책은 더 나은 팀을 구축하는 데 도움이 되는 도구 모음집이다. 따라서 팀 리더와 팀코치가 특정 상황에서 유용한 도구나 기법을 찾을 때 빠르게 참고할 수 있도록 설계하였다.

이 책은 10가지 팀코칭 기법과 45가지 팀코칭 도구를 중심으로 구성되어 있다. 또 팀코칭의 예술과 과학에 관한 배경 지식을 제공하는 세 개의 장도 마련하였다.

새로운 것을 만들거나 고장 난 것을 고치려면 일반적으로 작업에 가장 적합한 도구를 찾아야 한다. 날카로운 끌로 페인트 통을 열려고 하지 않듯이, 각 도구의 용도를 이해하는 데 시간을 할애하면 좋다. 그런 다음 현재 필요에 맞게 도구를 어떻게 조정할지 결정할 수 있다.

이 툴킷toolkit(역자 주: tool은 도구, toolkit은 툴킷으로 번역)은 어떤 형태의 프로젝트나 이니셔티브에 참여하는 팀코칭 모델로 설정되어 있다. 이 모델은 팀 생명 주기 5단계에 따른 진행 과정을 제시한다.

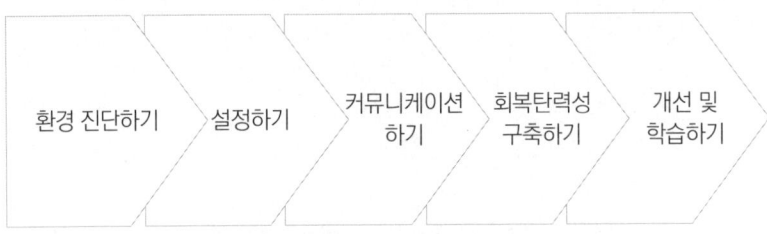

[팀코칭 모델]

이 모델은 3장에 설명되어 있지만, 위의 이미지를 참조하면 모델의 각 단계에 어떤 도구가 해당하는지 금세 알아볼 수 있다. 이러한 도구는 어느 정도 유연하게 적용할 수 있다. 자신의 상황과 업무 스타일에 맞게 실험하고 조정해 보라.

행운을 빌며 질문이나 의견이 있으면 to.llew@mac.com으로 연락 바란다. 여러분에게 어떻게 효과가 있는지 듣기를 원한다.

토니 르웰린 Tony Llewellyn

허트퍼드셔 Hertfordshire 잉글랜드 England

2017년 5월

# 1부 이론

# 1장
# 개요

이 책은 팀 빌딩에 관한 책이다. 이 책에는 급류 래프팅, 나무나 끈으로 임시 구조물 만들기, 모두와 맥주 한잔 하러pub 가는 일의 장점에 관해서는 별로 언급되어 있지 않다. 그 대신 여러 개인이 함께 참여하여 협업적이고 생산적인 단위로 구성하는 방법에 초점을 맞춘다. 다음 쪽에 설명된 도구와 기법은 즉각적인 만족감은 떨어질 수 있지만, 참여도가 높고 헌신적이며 탄력적인 팀을 구축하는 데 성공할 가능성을 높여준다.

팀 빌딩은 일련의 단계를 시스템적으로 적용하는 과학적인 프로세스이다. 그렇지만 기계가 아닌 인간을 상대하므로 이 과정에는 더 섬세한 접근이 필요하다. 사람의 정신과 독창성이 필요한 상황에서는 관계를 형성하는 심리적 힘에 주의를 기울여야 한다.

## 누가 이 책을 읽어야 하는가?

이 책은 생산적이고 기능적인 팀을 지원하고 유지하는 역할을 하는 모든 사람을 위해 쓰였다. 여러분은 프로젝트 관리자로서 기술 전문가들을 모아 소프트웨어를 만들거나 새 건물을 짓는 일을 하고 있을 수 있다. 또는 대규모 조직에서 관리 역할을 맡고 있으며, 중요한 이니셔티브를 수행하기 위해 여러 기능의 팀을 이끄는 임무를 맡았을 수도 있다. 또 팀 효과성과 관련된 프로세스와 행동 규범 확립을 지원하려고 투입된 팀코치와 퍼실리테이터도 이 툴킷에 관심을 가질 수 있다. 여러분의 역할이 무엇이든, 이 툴킷은 팀이 개인의 집합체라기보다는 하나의 단위로서 팀이 함께 생각하고, 대화하고, 일할 수 있게 하는 많은 활동을 증명하기 위해 설계되었다.

이 책은 세 부분으로 구성되어 있다.

1부에서는 팀 역동에 관한 유용한 배경 정보와 이질적인 개인들로 구성된 그룹을 실제 팀으로 만드는 데 필요한 프로세스를 설명한다. 첫 번째 장에서는 그룹 상호작용의 주요 요소 몇 가지를 다루며, 리더가 팀을 구축하는 데 필요한 프레임워크를 이해할 수 있게 돕는다. 두 번째 장에서는 팀코칭의 발전 과정을 살펴보고 팀코칭을 그 자체의 활동이나 리더십 스타일로 뒷받침하는 몇 가지 이론적, 실제적 아이디어를 제시한다.

**2부**에서는 팀코칭을 구축하기 위한 10가지 기법을 소개한다. 기법은 어떤 일을 수행하거나 성취하는 숙련된 방법이라고 정의할 수 있다. 이 정의를 확장하여 팀코칭 과제에 접근하는 방법을 포함했는데, 이는 물리적 행동만큼이나 여러분의 철학이나 사고방식에 관한 내용이기도 하다.

**3부**에서는 팀과 함께 작업하는 데 유용한 45가지 '도구' 또는 활동을 소개하는 툴킷으로 이어진다. 이러한 도구는 3장에서 설명한 순차적인 팀 빌딩 논리를 따르는 구조로 설정되어 있다.

팀 개발에 관한 많은 연구가 이루어졌으며 이러한 생각 가운데 일부는 다음 장에 포함되어 있다. 훌륭한 책과 기사가 몇 가지 있다. 그 가운데 일부를 마지막 장에 소개해 두었다. 이러한 출판물은 팀이 왜 중요한지, 효과적인 팀을 구축하기 위해 무엇을 해야 하는지를 배우는 데 도움이 될 것이다. 이 책은 여기서 조금 더 나아가 팀 구축 프로세스를 어떻게 진행해야 하는지를 설명한다.

이 책은 학술 서적은 아니지만 되도록 도구와 기법을 모두 뒷받침하는 이론을 설명하려고 노력했다. 내 목적은 제안된 활동이 왜 필요하고 유용한지, 그리고 스스로 만족하거나 팀에 설명할 수 있는 맥락을 제공하는 데 있다. 이 이론은 팀 개발에 관한 수많은 연구를 통해 도출되었으며, 적절한 경우 추가 읽기를 위해 참고문헌을 제공했다. 도구 가운데 일부는 직접 고안했지만, 다른 도구는 연구한 내용을 적용했거나 팀 개발 분야에서 일하는 다른 친구나 협력자가 제안했다.

## 훌륭한 팀은 드물다

지난 5년 동안 경험 많은 관리자와 팀 생활에 관해 이야기하고, 이들의 이야기를 들으며 많은 시간을 보냈다. 대부분 사람은 기억에 남는 멋진 팀 경험을 하나 이상 가지고 있다. 과거의 사람들과 사건을 회상하면서 얼굴에 잔잔한 미소를 띠고 자신의 이야기를 생생하게 전달해주는 경우가 많다. 다른 직업적 배경을 가진 다른 나라 출신의 다른 사람들에게서도 비슷한 이야기를 여러 번 들었다. 훌륭한 팀 경험은 삶을 풍요롭게 할 수 있다. 강력한 팀에서 일한 사람들은 그 경험을 거의 잊지 못한다. 그때의 시간이 그냥 지나간 듯하다고 말한다. 모두가 명확한 방향 감각이 있었고, 자신이 해야 할 일과 다른 사람을 돕기 위해 언제 개입해야 하는지 알고 있었다. 이러한 이야기에서 발견되는 점은, 마치 거의 반복되지 않는 특이한 상황을 반영하듯이 단일한 사건으로 제시되는 경우가 많다는 점이다.

내 조사에 따르면 대부분 팀 경험은 만족도가 훨씬 낮다. 많은 사람에게 팀워크는 명확한 목적의식 없이 다른 사람들과 함께 일한다는 의미의 개념적 용어이며, 무엇을 해야 하는지, 누가 해야 하는지에 대한 명확성은 제한되어 있다. 연결되지 않은 리더십, 부적절한 의사소통, 낮은 팀 사기에 관한 많은 이야기를 수집했다. 어떤 사람들에게는 좋지 않은 팀 경험이 정서적으로 큰 상처가 될 수 있다. 이러한 경험은 개인이 업종을 바꾸거나 심지어는 이직을 결심하게 하기도 한다.

'훌륭한 팀 경험은 왜 그렇게 재현하기 어려운가?'라는 의문을 제기한다. 여러 사람이 효과적으로 함께 일하느냐, 아니면 단순히 더 나은 일이 일어나기만을 기다리며 직장 생활에서 표류하느냐에 영향을 미치는 중요한 요소는 무엇일까? 앞으로 살펴보겠지만, 훌륭한 팀을 만드는 데 기여하는 요소에는 여러 가지가 있으며, 그 가운데 일부는 식별하고 정리할 수 있는 실용적인 절차이기도 하다. 다른 요소들은 더 광범위하게 기술을 개발해야 한다. 이 책에서는 이러한 여러 요소를 살펴보고 강력한 팀을 구성하고 유지하는 데 도움이 되는 몇 가지 실용적인 제안을 제시한다. 자세한 내용을 살펴보기 전에 먼저, 앞으로 논의의 맥락을 설정하는 몇 가지 사항을 고려할 필요가 있다.

## 사회적 동물

팀과 팀워크에 대한 주제는 다양한 학자와 실무자들의 관심을 끌었으며, 지난 50년 동안 방대한 양의 문헌을 만들어냈다. 이 분야에는 심리학, 조직행동학, 사회학, 교육학 등 다양한 학문의 사고가 통합되어 있다. 인간은 일반적으로 사회적 동물이다. 우리는 다른 사람들과 함께 일하면서 안전과 편안함, 창의성과 에너지를 얻으며 수천 년 동안 그렇게 해왔다. 그렇다면 자연스러운 현상에 불과한 일을 연구하는 데, 이렇게 많은 생각과 관심을 기울인 점은 어쩌면 놀라운 일이 아닐 수 없다.

모든 그룹이 같은 방식으로 효과적으로 기능하거나, 사람들이 공동 작업을 시도할 때마다 실패로 끝난다면 아마도 관심을 덜 할 수 있다. 특이한 점은 어떤 상황에서는 그룹과 팀이 큰 성과를 거두기도 하고 그렇지 못할 때도 있다는 점이다. 때로는 팀이 과제 완수, 의사 결정, 학습과 문제 해결에 더 낫다는 점이 밝혀지기도 한다. 다른 연구에서는 그룹이 이러한 프로세스에 덜 능숙하다는 결과가 나오기도 한다. 왜 그럴까? 분명히 우리는 종족으로서 충분히 오랫동안 팀워크를 연습해왔기 때문에 이러한 프로세스를 잘 알고 있을 수 있다.

물론 문제는 사람들이 복잡하다는messy 점이다. 우리는 일관성이 없다. 다른 사람에 대한 우리의 행동은 이성적인 사고만큼이나 감정의 영향을 많이 받는다. 감정은 다루기 어려운 존재이다. 감정은 거의 완전히 통제할 수 없는 마음에서 생성되며 예측할 수 없이 변한다. 그런데도 팀 행동의 이러한 감정적 요소는 상대적으로 연구가 제한적이었던 분야인데, 이는 인간 감정의 복잡성으로 인해 과학적 조사가 다소 어렵기 때문으로 생각된다.

따라서 그룹 내 행동을 규제하기 위한 명확한 규칙은 없지만, 충분한 연구와 관찰, 분석을 통해 모범 사례로 간주할 수 있는 일련의 지침에 도달할 수 있었다. 이러한 일반적인 성공 요인 가운데 다수는 다양한 경영 교과서에 표준 지침으로 제시되어 있다. 그렇지만 리더십, 팀 개발, 직원 동기부여에 관련된 수많은 조언이 있는데도, 대부분 팀은 팀의 총체적 성과가 각 부분의 합을 초과하는 팀 시너지의 황금 순간에 도달하지 못함을 경험한다.

냉소적으로 되기 쉽다. 인간은 때때로 신뢰할 수 없고 예측할 수 없으며 이기적이기 때문이다. 팀워크와 협업에 관한 생각은 때때로 단순한 희망 사항으로 치부될 수 있다. 그렇지만 대부분 사람은 에너지와 헌신을 다해, 함께 일했던 훌륭한 팀에서 적어도 한 번은 일해 본 경험이 있다. 사람들이 훌륭한 팀에 관한 이야기를 들려줄 때, 나는 무엇이 차이를 만들었는지 설명해 달라고 요청한다. 때때로 그 이유를 잘 모르거나 자연스럽게 협업하는 사람들의 운이 좋았던 조합으로 결과를 평가절하하는 경우가 많다. 운이 작용했을 수도 있지만, 이야기를 자세히 들여다보면 성공적인 팀의 기본 요소는 몇 번이고 반복해서 드러남을 알 수 있다.

나중에 설명하겠지만, 여러 가지 면에서 효과적인 팀을 구성하는 데는 어려움이 있다. 인간 본성의 어두운 면은 현대 직장의 일반적인 특징인 모호함과 불확실성이라는 도전에 잘 대처하지 못한다. 나는 리더십 부족, 내부 갈등, 실패한 결과에 대한 그다지 고무적이지 않은 다른 이야기들을 수집했다. 좌절, 스트레스, 분노의 기억은 때로는 떠올리기 조차 고통스럽지만 대안을 찾는 법을 배우지 못한 채 계속 발생하고 있다.

꼭 이럴 필요는 없다. 나쁜 팀 경험이 기본 기대치가 되어서는 안 된다. 팀 성과에 관해 충분히 연구하여 활기차고 창의적이며, 유대감이 강한 팀을 지속해서 구축하고 유지하는 핵심은 다양한 성공 요인을 이해하고 이를 적용하는 방법을 배우는 데 있다. 이러한 요소 가운데 일부는 좋은 조직과 계획이라는 간단한 문제이다. 그러나 다른 요소들은 덜 명확하므로 더 깊은 고려가 필요하다. 이 책에서는 팀 개발의 이러한 불투명한 측면을 집중해서 다루려고 한다.

## 팀에 관한 또 다른 책일까?

이 책은 인생 취미로 시작되었다. 나는 수년 동안 팀코치, 퍼실리테이터, 트레이너, 컨설턴트로 일하면서 팀과 함께 일하기 위한 도구와 기법을 수집해 왔다. 어느 날 충동적으로 팀코칭 도구모음이라는 웹사이트를 만들기로 결심했다. 이 사이트는 팀 리더와 프로젝트 관리자에게 다음과 같은 새로운 아이디어와 도구를 찾을 수 있는 장소를 제공하기 위해 특별히 설계되었다. 팀을 개발할 수 있도록 이 책에 설명된 도구와 기법 일부를 포함하고 있다. 최근에 해럴드 자쉬Harold Jarche(2015)의 글에서 '소리 내어 작업하기'라는 개념을 알게 되었는데, 자기 아이디어를 지적 재산으로 쌓아두는 대신 다른 사람들이 꽃 피울 수 있도록 공유해야 한다는 아이디어에 흥미를 느꼈다.

　　인터넷은 한 사람의 생각을 전파하고 적용하는 방식을 근본적으로 변화시켰다. 우리는 다양한 분야와 산업에 종사하는 인맥과 협력자 네트워크를 빠르게 구축할 수 있게 되었다. 이러한 공유 철학은 한 인간으로서 다른 사람의 마인드셋과 사고방식에 영향을 미칠 수 있는 능력이 필연적으로 얼굴을 맞대고 함께 일하는 사람들에 국한된다는 인식에 기반을 둔다. 내 야망은 더 큰 영향력을 발휘하는 데 있다. 팀 개발에 관한 도구, 기법과 기타 정보를 인쇄물이나 온라인에 게시하여 여러분과 다른 사람들이 이러한 도구를 사용해보고 효과적이고 응집력 있는 팀을 만드는 데 필요한 역량을 키우도록 자극하고 싶다.

팀 빌딩 기술이 정말 중요하다고 생각한다. 전 세계가 직면한 도전 규모와 복잡성은 개인이 혼자서 해결하기에는 너무 크다. 용감하게 나서서 세상을 구하는 영웅적인 리더의 캐리커처는 점차 사라지고 있다. 대부분 성공한 리더는 자신의 업적이 주로 한 팀으로 함께 일한 사람들이 노력한 결과라는 점을 분명히 안다. 조직 성과 향상에 관한 책과 기사에서 팀워크는 때때로 찬사를 받는다. 그러나 리더들이 훌륭한 팀 구축에 관해 이야기하는 데 비해, 팀 개발 계획 실행에 관해서는 거의 알지 못한다는 사실을 발견했다. 많은 관리자가 강력하고 활기찬 팀 환경을 조성하고 싶어 하지만 그 방법을 아는 사람은 거의 없다.

문제는 팀 빌딩이 때론 느린 과정이라는 점이다. 앞으로 살펴보겠지만, '긴급함'이 '중요함'보다 우선시되는 경향이 있는 문화에서는 시간과 에너지가 모두 부족하다. 연구를 통해 너무 많은 관리자가 희망 전략에 의존하고 있으며, 모두가 제 역할을 다하기만 하면 효과적인 팀이 갑자기 나타나리라 가정한다는 사실을 발견했다. 이런 안일한 생각은 미래의 팀에는 충분하지 않다. 우리는 변화하는 시대에 산다. 과거에 우리가 의지할 수 있었던 확실성이 서서히 사라지고 있다. 2017년 현재, 우리는 성장과 번영의 시기 동안 우리를 지탱해 주었던 정치 구조가 무너지는 듯 보이며, '의도하지 않은 결과의 법칙'이 우리의 미래에 어떤 영향을 미칠지 명확히 알지 못한 채 결정을 내려야 하는 매우 불확실한 환경에 놓여 있다.

경제 활동의 완급 주기가 점점 짧아지고 있다. 장기적인 투자 결정을 내릴 때 더는 안정적인 성장세에 의존할 수 없게 되었다. 전 세계 대부분 조직은 새로운 기술 등장에 따른 혼란에 대처하려고 고군분투한다. 디지털 혁명이 제공하는 잠재적 효율성은 새로운 승자를 만들어내고 있으며, 이들의 비즈니스 모델은 전 세계 여러 경제를 지배하고 있다. 그러나 이러한 변화는 많은 기존 기관에 상당한 스트레스를 준다. 최근 컴퓨팅 성능의 발전으로 혁신가들이 데이터를 사용하고, 인공지능을 개발하는 새롭고 점점 더 강력한 방법을 찾으면서 더 많은 혼란을 불러오리라 예상한다.

이러한 모든 변화로 인해 팀은 새로운 표준으로 판명되는 모든 상황에 적응하고 프로그램을 구현하는 방법을 찾아야 한다. 어느 개인도 이 새로운 현실에 적응하는 방법을 알 수 있는 지식이나 경험을 갖추지 못했다. 크고 작은 조직 모두 적응 방법을 찾기 위해, 프로젝트와 변화 이니셔티브를 실행해야 하는 상황에 부닥쳐 있다. 많은 사람이 변화 필요성에 관해 이야기하지만, 이는 한 정상 상태에서 다른 정상 상태로의 전환을 의미하므로 오해의 소지가 있다. 당장은 정상 상태가 어떤 모습일지 파악하기 어렵다.

'일상적인 업무'를 관리하기 위해 사용되던 기존의 계층적 구조가 점점 더 시대에 뒤떨어지고 있다는 느낌이 더 커지고 있다. 이제 많은 사람이 일상적인 비즈니스 활동보다는 프로젝트에 참여하며 직장 생활을 보낸다. 그리고 프로젝트에는 팀이 필요하다. 어려운 프로젝트에는 훌륭한 팀이 필요하며, 좋은 팀을 구성하려면 기술, 인내심, 사고방식에 변화가 필요하다.

## 소프트 스킬 soft skills

팀 개발에는 개발하기 어려운 소프트 스킬에 대한 투자가 필요하다. 20세기의 명령과 통제 문화에서는 커뮤니케이션과 공감 능력이 거의 필요하지 않았다. 관리자가 배워야 할 점은 명령을 내리고 의도한 바를 달성하지 못한 부하 직원을 질책하는 방법뿐이었다. 21세기의 복잡한 시대에는 토론을 촉진하고 혁신적인 해결책을 찾아내며 조율된 행동을 유도할 수 있는 리더가 필요하다. 그러나 이러한 기술 개발은 장기적으로 좋은 투자가 될 수 있다. 향후 20년간 우리가 모든 기술 발전을 보게 될지라도, 빅데이터나 인공지능이 여러 사람의 마음을 움직여 응집력 있는 팀으로 모으는 중요한 역할을 대체할 수는 없다.

다른 사람들과 상호작용하려면 팀이 효과적인 방식으로 함께 일할 수 있는 수준의 연결 능력이 필요하다. 일반적으로 기술 또는 지식 기반의 하드 스킬과 달리 소프트 스킬은 공감, 문제 해결, 적응력, 호혜성, 갈등 관리 및 협업을 포함한 다양한 기능을 포괄한다. 이 목록을 보면 소프트 스킬을 설명하는 데 소프트라는 용어가 사용되는 이유를 알 수 있다. 이러한 영역 하나를 마스터하려고 할 때 어려운 점은 상황에 따라 다르다는 점이다. 즉 특정 기술을 적용하는 방법은 상황에 따라 달라질 수 있다. 소프트 스킬은 교과서를 읽어서는 배울 수 없다. 주로 프랙티스를 통해 습득한다.

대부분 소프트 스킬은 본질에서 커뮤니케이션이라는 개념 안에 포함되어 있다. 숙련된 의사소통은 단순히 말을 잘하거나 프레젠테이션을 잘하는 능력이 아니다. 진정한 커뮤니케이션을 위해서는 내 정보를 받는 사람이 내 메시지를 어떻게 이해할지 어느 정도 예측할 수 있어야 한다. 즉 상대방이 내 메시지를 어떻게 받아들일지 이해하려면 먼저 상대방에 대해 더 많이 알아야 한다. 사람들에게서 정보를 끌어내는 능력은 그 자체로 귀중한 기술이다. 어떤 사람들은 타고난 호기심이 있어서 낯선 사람을 만난 지 10분 이내에 새로운 지인의 사생활에 관한 세부 사항을 많이 알게 된다. 그렇지만 대부분 사람에게 호기심은 타고난 능력이 아니며, 개발하도록 권장되는 능력도 아니다. 명령과 제어 환경에서 커뮤니케이션은 일반적으로 일방향 프로세스이다. 거래적 관리 접근 방식transactional management approach(역자 주: 과업, 루틴, 현 상태 유지에 중점을 둔 리더십 또는 관리 스타일을 말한다.)은 지시 활동을 기반으로 둔다. 사람들은 자신이 무엇을 생각하거나 이해하는지에 관한 본질적인 관심 없이 무엇을 해야 하는지 지시를 받는다.

많은 대기업이 소프트 스킬 교육에 막대한 비용을 투자하지만 정작 기업 문화에서는 그 가치를 인정하지 않는 패러독스paradox가 존재한다. 커뮤니케이션을 개선할 수 있는 잠재적인 방법에 관한 새로운 지식이 실행되지 않아 학습이 내재화되지 않는다.

강의 노트는 서랍에 넣어 다시는 빛을 보지 못한다. 복잡한 환경에서는 게임의 성격이 달라진다. 관리자는 더는 미래를 정확하게 예측할 수 없으므로 일방향 커뮤니케이션에 의존하는 일이 더 어려워진다. '감지하고 반응하는' 문화에서는 효과적인 양방향 정보 교환이 조직의 적응과 번영 능력에 매우 중요하다.

따라서 진정한 양방향 커뮤니케이션은 이 책에서 설명하는 거의 모든 프로세스를 뒷받침하고 있다. 이 책을 읽으면서 자신의 현재 커뮤니케이션 능력과 이를 개선할 수 있다고 생각하는 정도에 대해 생각해 보라.

## 필요한 팀 구축하기

이 툴킷은 필요한 팀을 구성하는 데 도움이 되도록 설계하였다. 공예가가 도구를 사용하여 재료를 자르고, 묶고, 원하는 모양으로 성형하듯이, 이 책은 여러 개인을 효과적인 팀으로 구성하는 데 도움이 되도록 작성되었다. 툴킷 섹션으로 바로 이동하여 특정 이벤트나 목적에 필요한 기술이나 도구를 찾을 수 있다.

그렇지만 시간이 더 있다면 팀 역동에 관해 조금 더 이해하고, 코칭 프로세스에서 도구를 사용하여 인간에게 영향을 미치고 좋은 팀워크의 기본이 되는 관계를 구축하는 방법을 이해하는 데 도움을 얻을 수 있다. 이러한 내용은 다음 두 장에서 설명하고자 한다.

## 2장
# 도구를 사용하여 팀 역동 관계 형성하기

이 책은 그룹을 효과적이고 생산적인 단위로 만드는 데 도움이 되는 툴킷으로 설계하였다. 팀을 구성하려는 경우, 팀 역동team dynamics의 본질 그리고 시간이 지남에 따라 팀 역동이 어떻게 나타나고 변화하는지 이해하는 데 집중하면 좋다. 이 장에서는 궁극적으로 성공 여부에 영향을 미치는 인적 요소에 대한 기본적인 통찰을 제공한다. 먼저 팀 역동이라는 주제와 행동 규범에 주의를 기울여야 할 필요성을 살펴본다. 또 이 섹션에서는 팀 빌딩team building을 위한 기본 구조를 설명한 다음, 올바른 행동을 확립하는 데 도구가 어떻게 작동하는지 살펴본다.

## 그룹 역동

인간은 메시지를 주고받기 위해 단어를 해석할 필요가 없는 다양한 형태의 커뮤니케이션을 사용한다. 눈, 얼굴 근육, 목소리 톤, 자세, 팔의 움직임은 모두 그룹에 속해 있을 때, 우리가 어떻게 감정을 느끼고 있는지에 대한 단서를 제공한다. 이러한 신체 움직임이 극단적일 경우, 그 메시지는 매우 분명할 수 있다. 화난 눈빛이나 삐져 있는 자세는 쉽게 감지할 수 있지만, 우리가 보디랭귀지 body language 라고 부르는 대부분 활동은 무의식적인 수준에서만 감지되는 경우가 많다. 이는 마음만 먹으면 볼 수 있는 수많은 행동 단서 가운데 한 가지 측면에 불과하다.

그룹에 적용되는 역동 dynamics 이라는 단어는 '시스템이나 프로세스 내에서 성장, 발전 또는 변화를 자극하는 힘 forces'으로 정의할 수 있다. 그룹 역동에 관해 이야기할 때, 우리는 때때로 그 긴장이 무엇인지 정확히 표현할 수는 없지만, 그룹에 존재한다고 감지되는 긴장에 관해 생각한다. 이러한 힘은 긍정적일 수도 있고 부정적일 수도 있지만, 대개 두 가지가 혼합되어 있다. 그룹의 역동 관계는 구성원들이 상호작용하는 방식에 필수적인 요소이다. 긍정적인 그룹 역동 관계는 활기차고 개방적인 토론을 하는 데 도움이 된다. 부정적인 역동 관계는 일반적으로 두려움에 의해 주도되며, 사람들을 조심스럽게 하고, 정보를 보류하게 만든다. 회의실의 역동을 읽고 지원이나 방해하는 원인을 감지하는 방법을 배우면, 팀 효과에 영향을 미치는 능력에 큰 차이를 만들 수 있다.

이전 장에서 언급했듯이, 팀에서 긍정적인 태도를 구축하기 위해 적극적으로 조치하지 않는 한, 그룹의 기본 경향은 역기능적 dysfunctional 관계로 나아간다. 소통 단절을 초래하는 주요 요인 인식이 도움이 된다. 우리는 역기능 가족이나 역기능 집단이라는 말이 실제로 무엇을 의미하는지에 대한 명확한 의미 없이 아무렇지 않게 이야기한다. 팀에 적용할 때, 역기능이라는 단어는 특정 그룹의 행동 규범에 따라 더는 연결되거나 소통하지 않는 그룹과 연관될 수 있다.

## 규범에 관한 모든 사항

그렇지만 역기능은 상대적인 용어이다. 긍정적인 그룹 규범norm은 팀의 각 구성원이 팀 활동에 정서적, 지적으로 참여하기 위해 어떤 행동을 받아들일 준비가 되어 있는지를 무의식적으로 인식한 결과이다. 한 명 이상의 팀원이 더는 나머지 팀원에게 감정적으로 헌신할 준비가 되어 있지 않을 때, 팀은 효과적으로 작동하지 않는다. 역기능의 경향을 피하고, 팀이 필요한 공동의 결과물을 달성하기 위해, 어떤 규범을 확립해야 하는지 적극적으로 해결해야 할 필요가 있다.

규범이란 '특히 사회적 행동을 할 때 나타나는 전형적이거나 기대되는 표준 또는 패턴'을 말한다. 따라서 규범은 우리가 무엇을 하는지에 관한 사항이라기보다는 그 일을 하는 방식과 관련이 있다. 여러 사람이 모여 이니셔티브나 프로젝트를 진행할 때, 각자의 행동 규범을 가지고 오게 된다. 그러나 그룹과 팀의 흥미로운 점은, 다른 그룹에서 일하면서 습득한 규범이 반드시 새로운 팀으로 이전되지 않는다는 데 있다.

행동 규범은 그룹마다 다를 수 있다. 어떤 그룹에서는 낮은 수준의 의사소통을 그들의 필요에 완벽하게 적합하다고 간주하기도 한다. 예를 들어, 내향적인introverts 사람들로 구성된 팀은 제한된 양의 상호작용으로 함께 일하면서 매우 성공적일 수 있다. 내향적인 사람들은 커뮤니케이션에 대한 개인적인 욕구가 오로지 업무 완수에만 집중되어 있어서 다른 형태의 사회적 교류는 그다지 중요하지 않을 수 있다. 다른 팀은 팀 업무 수행 방식의 일부인 대면 상호작용을 통해 토론과 의견 충돌이 활발하게 일어난다.

규범은 단순히 매너에 관한 사항이 아니라는 이해가 중요하다.

매너(역자 주: 국립국어원 정의, 1) 행동하는 방식이나 자세, 몸가짐, 버릇, 태도, 2) 일상생활에서의 예의와 절차)는 일종의 사회적 구성물이다. 매너는 일반적으로 문화적이며 때때로 암묵적implicit이다. 비교적 낯선 사람들이 처음 만나서 그룹으로 모이면, 대부분 사람이 그룹에서 무슨 일이 일어나는지 지켜보려는 경향을 관찰할 수 있다. 이는 그룹을 평가하고, 자신이 어떻게 적응할 수 있을지 알아내기 위한 자연스러운 자기 보호self-preservation 메커니즘이다. 따라서 새로운 그룹은 처음에는 예의 바르게 보일 수 있는 방식으로 행동한다. 그렇지만 처음 만났을 때 차분하고 예의 바른 모습을 관찰했다고 해서 자동으로 같은 문화적 규범을 공유하게 되지는 않는다. 많은 팀 리더가 흔히 저지르는 실수는, 그룹을 처음 만났을 때 관찰한 예의 바르고 세심한 행동이 프로젝트 기간 내내 지속되리라는 가정assume이다. 그 결과, 올바른 규범을 설정하는 데 충분한 시간을 투자하지 않아서 팀이 실행에 옮기면, 어려운 행동이 빠르게 나타나는 현상을 발견하게 된다. 리더/코치는 지금까지와는 상당히 다른 새로운 규범을 정립할 기회를 갖게 된다. 각 그룹에는 '여기서 일하는 방식how things are done here'에 관한 불문율이 있다. 코칭 기술은 이러한 규칙을 추측이 아닌 명시적explicit으로 만든다. 이는 팀 빌딩team building 개념으로 이어진다.

## 정서적 기반 구축

팀 빌딩이라는 용어는 익숙한 문구이다. 이 단어는 다양한 감정을 불러일으킬 수 있다. 어떤 사람에게는 이 단어가, 동료들과 즐겁게 지내기 위해 돈을 받고 사무실에서 보내는 시간을 의미할 수도 있다. 다른 사람에게는, 동료들의 멸시와 조롱을 감수하면서 관련 없는 활동을 강요받았던 기억을 떠올리게 하는 등 이미지가 확연히 다를 수 있다. 진정한 팀워크 구축은, 야외 활동이나 회사 비용으로 먹고 마시는 시간과는 상대적으로 관련이 적다. 이러한 활동은 팀원들이 업무 외적으로 서로의 사회적 존재에 대해 더 많이 배우는 데 도움이 될 수 있지만, 시스템적 팀 개발 프로세스를 대체하기에는 부족하다. 프로세스는 '특정 목적을 달성하기 위해 취하는 일련의 행동이나 단계'로 설명할 수 있다. 팀 프로세스는 자원 할당, 프로그래밍, 보고 등 팀이 일상적인 업무를 수행하기 위해 사용하는 업무 수행 프로세스와 인식을 형성하고 신뢰를 구축하며 행동 규범을 설정하기 위해 고안된 사람 참여 프로세스 두 가지로 구분된다.

제안된 목표에 한정되어 목표가 달성되는 경향이 있다. 많은 관리자와 리더는 팀 설립 초기에 이 부분에 대부분 에너지를 쏟는다. '사람들의 참여 people engagement'는 작업 그룹에서 실제 팀으로 전환하기 위한 토대를 제공하므로, 동일한 수준의 우선순위가 필요하다는 인식이 중요하다. 팀의 초기 단계에서 참여에 너무 적은 시간을 투자하면, 나중에 문제를 해결하는 데 더 많은 에너지가 필요하다. 반대로 프로젝트 주기 초기에 올바른 행동 규범을 설정하는 데 시간을 투자하면, 나중에 팀 속도가 빨라지면서 시간을 절약할 수 있다(**기법 3** - '속도를 높이기 위해 속도를 늦추기' 참조).

[그림 1] 효과적인 팀의 기본 계층

[그림 1]에는 효과적인 팀의 여러 특징이 나와 있다. 사람들의 참여 프로세스는 은유적인 벽돌 쌓기block로 그룹화할 수 있으며, 이를 통해 팀의 헌신과 책임을 구축하는 데 사용할 수 있다. 이러한 벽돌은 강력한 팀워크를 구축하는 주춧돌을 형성한다. 건물의 기초

2장. 도구를 사용하여 팀 역동 관계 형성하기

처럼 눈에 보이지 않기 때문에, 교육을 받지 않은 사람의 눈에는 보이지 않는다. 단단한 땅 위에 나무로 된 창고를 조립하기라면 가능할지는 모르지만, 불안정한 지반 조건에서 살아남아야 하는 더 큰 건물을 짓고자 한다면 좋은 기초가 필수적이다.

[표 1] 팀 빌딩 프로세스의 기본 계층

| 계층 | 기능 |
| --- | --- |
| 환경 | 다양한 시스템적 요인에 대한 사전 평가를 통해 리더는 팀이 운영될 문화적, 사회적 조건이 팀에 미치는 영향을 이해할 수 있다. |
| 설정 | 바람직한 행동 규범을 확립하기 위해 팀을 구성한다. 동기부여, 안정성 및 상호 의존성을 구축하는 데 중요하다고 밝혀진 활동과 프로세스를 포함한다. |
| 커뮤니케이션 | 팀원 간 및 팀 주변 사람들과의 효과적인 상호작용을 위한 메커니즘을 설정한다. |
| 회복탄력성 | 어려운 시기 동안 팀을 지원하고 유지하는 활동. 팀 내에서 신뢰를 구축하고 계획되지 않은 불리한 변화의 압박을 견디는 데 필요한 프로토콜을 설정한다. |
| 학습 및 개선 | 팀이 최근에 달성한 성과, 잘된 점, 다음 반복 작업에서 개선할 수 있는 점을 주기적으로 검토하는 습관을 기른다. |

건축물에 비유하는 일은 팀이 업무 완수에 집중을 시작하기 전에 이러한 토대를 마련하면 가장 좋다는 점에서 유효하다. 실패한 구조물을 언제든지 돌아가서 다시 보완할 수 있는 바와 마찬가지로, 기능 장애가 있는 팀에 대한 개선 작업을 수행할 수 있다. 그러나 이러한 작업은 복잡하고 방해가 되는 경향이 있으며 때때로 '이웃을 괴롭힐' 수 있다. 따라서 팀 구성 초기에 적절한 구조를 구축

하는 데 시간을 할애하면 좋다. [표 1]에서 볼 수 있듯이 각 계층<sup>layer</sup>은 팀 진행의 여러 단계를 나타낸다. 적절한 시기에 적절한 계층을 배치하는 일이 좋은 프랙티스라는 점에서 어느 정도 순차적이라고 할 수 있다. 따라서 이 책의 도구는 이 구조에 맞춰 구성되어 있다. 이 구조는 다음 장에서 더 자세히 설명한다. 그렇다고 툴킷을 사용하기 위해 항상 새로운 팀과 함께 시작해야 한다는 의미는 아니다. 여러 도구를 살펴보면 알겠지만, 각 도구는 독립적으로 연습할 수 있다. 이 구조의 요점은 팀 생애주기의 여러 단계에서 다양한 도구가 어떻게 작동하는지 인식하도록 장려한다.

## 작업 그룹이 아닌 실제 팀

기술적인 세부 사항으로 들어가서 논의를 복잡하게 만들려고 하지 말고, 실제 팀과 작업 그룹의 실질적인 차이점을 다시 한번 짚어 볼 필요가 있다. 우리는 때때로 같은 관리자에게 보고하는 사람들의 그룹을 포함하기 위해 팀이라는 단어를 아무렇지 않게 사용한다. 그러나 그룹의 일상적인 업무가 일반적으로 해당 그룹에 속한 다른 사람들의 성공에 의존하지 않는다면, 학문적인 관점에서 볼 때 이는 단순히 작업 그룹에 불과하다. 명명법의 의미에서 길을 잃기 쉽지만, 이 툴킷의 목적상 정의가 중요하다. 실제 팀을 구성하는 요소를 정의하는 방법에는 여러 가지가 있다. 나는 개인적으로 팀을 '공동의 목적, 성과 목표, 상호 책임을 지는 접근 방식에 전념하는 상호 보완적인 기술을 가진 소수의 사람들'로 정의한 카젠바흐Katzenbach와 스미스Smith(1993)의 정의를 선호한다.

이 한 문장에 많은 내용이 담겨 있다. 핵심 단어는 아래 표에 나와 있듯이 유용한 체크리스트를 구성한다.

[표 2] 실제 팀 체크리스트

| 핵심어 | 의미 |
| --- | --- |
| 소수 | 5명에서 9명 사이의 구성원 |
| 보완 기술 | 과제를 완수하는 데 필요한 뚜렷한 기술 |
| 헌신 | 관념적이기보다는 감정적 |
| 공동의 목적 | 모두가 같은 일에 집중 |
| 성과 목표 | 합의된 결과 |
| 접근 방식 | 하나의 합의된 시스템 |
| 상호 책임감 | 우리 가운데 한 명이 실패하면 우리 모두가 실패 |

이 표를 읽어 내려가다 보면 진정한 팀워크가 생각보다 쉽지 않은 이유를 알 수 있다. 진정한 팀워크는 결코 우연이 아니다. 이러한 구성 요소는 구축과 유지가 어려운 경우가 많다. 따라서 관념적 팀과 실제 팀을 구분하는 일이 중요하다. 도전적인 목표를 달성해

야 하는 개인들의 모임에 필요한 코칭과 리더십은 단순히 상사가 설정한 일련의 작업을 완료해야 하는 그룹과는 매우 다르다.

관리자들이 '고성과 팀'을 만드는 일이 실제로 무엇을 의미하는지, 어떤 노력이 필요한지에 대해 거의 이해하지 못한 채 '고성과 팀' 만들기에 관한 이야기를 자주 듣는다. 이는 원래의 정의와 동떨어진 채 남용되는 표현이다. 모든 팀이 어떤 식으로든 탁월한 성과를 내거나 실패로 치부될 위험을 감수해야 한다는 의미로 자주 사용되는 구호에 가까운 말이다. 높은 성과를 내는 팀은 계획되기보다는 저절로 생겨나는 경향이 있으며, 목표나 목적이 달성되면 대개 해산한다.

성과라는 단어 자체가 경영 전문 용어가 되었다. 개인이나 팀의 맥락에서 이 단어의 사전적 정의는 단순히 '행동'이다. 경영학에서는 성과가 어느 정도의 성취를 의미하게 되었다. 더 정확하고 의미심장한 단어는 '원하는 또는 의도한 결과를 만들어내는 데 성공함'으로 정의되는 '효과성effective'이다. 팀이 높은 성과를 낸다고 간주되는 희귀한 경지에 도달할 수는 없겠지만, 모든 조직에서 팀이 효과적으로 일한다고 간주되어야 한다는 점은 훨씬 더 현실적인 열망이다. 리더와 팀원 모두가 노력할 준비가 되어 있다면, 쉽게 달성할 수 있고 지속 가능하다는 점에서 이보다 훨씬 더 나은 목표는 매우 효과적인 팀의 일원이 된다.

## 어떤 종류의 팀이 필요한가?

이는 중요한 질문이다. 위에서 언급했듯이 진정한 팀 만들기는 어려운 일이다. 시간과 에너지, 많은 생각이 필요하다. 필요한 자원을 항상 쉽게 구할 수 있지 않으며, 특히 압박받으며 일할 때는 더욱 그렇다. 실제 팀 구성은 비현실적이고 불필요한 일일 수도 있다. 협력적이고 활기찬 그룹 만들기는 때때로 매우 만족스러운 과정이지만, 팀 목표를 달성하는 데 필수적이지 않을 수 있다. 실제 팀real team이 중요하지 않은 상황도 많이 있다. 몇 가지 예를 들면 다음과 같다.

- 투입inputs과 산출outputs이 대체로 예측할 수 있고 변동이 거의 없는 상품이나 정보 처리를 다루는 조직
- 리더/관리자가 외부 인터페이스 대부분을 처리하고 목표를 달성하는 데 필요한 특정 작업을 보조자에게 지시할 수 있는 소규모 조직
- 고정된 계층 구조와 커뮤니케이션에 대한 강력한 문화적 규범을 가진 조직으로, 외부의 경제적, 사회적 또는 정치적 압력에

영향을 받지 않는 안정적인 환경에 존재한다.
- 운영위원회(경영진을 포함할 수 있음)는 자기 부서나 작업 그룹을 대표하는 개인 그룹 사이에서 합의점을 찾는 역할을 한다.

일반적으로 내부 환경에 대한 진정한 통제력을 유지할 수 있고 외부 조건이 안정적이라고 생각한다면 작업 그룹의 단기적인 거래 계약으로 충분하다. 프로세스와 절차가 강력하게 내재화되어 어느 정도의 안정성과 일관성을 확립한 조직의 사례는 많다. 이러한 조직에서 형성된 순응 문화는 외부 환경이 변화하는 시점까지 잘 작동한다.

그러나 세상이 변화함에 따라 순응의 기반이 되는 토대는 점점 더 불안정해지기 시작한다. 조직이 파괴적인 변화의 힘에 적응하는 방법을 찾아야 할 때, 바로 그때가 진정한 팀이 필요한 때이다. 따라서 어떤 종류의 팀을 원하는지 고려한 다음 실제로 필요한 팀에 대해 다시 한번 생각해 보라.

대규모의 복잡한 프로젝트는 원하는 결과를 설계하고 전달하기 위해 다양한 기술과 경험이 필요하다. 완벽한 인재를 선발하기 위해 장기간에 걸친 선발 과정을 거칠 수 있는 팀은 거의 없다. 대부분 팀은 팀원들의 능력과 팀에 적합하다고 생각하는 정도에 따라 팀원을 선발한다. 너무 동질적인 팀, 즉 나와 같은 사람들로만 구성된 팀을 만들지 않도록 주의하라. 이러한 팀은 빠르게 융화되는 듯 나타나지만, 일반적으로 어려운 문제를 극복하는 데 필요한 창의력은 부족하다. 또는 모든 사람이 너무 행동 지향적이어서 결국 개인이 갈등에 빠지는 때도 있다.

## 작업에 적합한 도구 선택하기

필요한 규범을 구축하려면 업무에 적합한 도구를 선택해야 한다. 일부 도구는 모든 팀의 초기 개발 단계에서 표준으로 사용해야 한다. 특히 외부 이해관계자와의 관계에서 복잡성이 문제가 될 수 있는 부분을 이해하면, 모든 팀원이 자신의 특정 전문 분야를 넘어 전체적으로 문제를 바라볼 수 있게 된다(도구 1). 프로젝트 환경 평가(도구 2)는 팀이 처음부터 어떤 문제에 직면할 가능성이 있는지 알 수 있도록 하는 명시적인 메커니즘이다.

회의 초기에 논의하고 정립해야 할 몇 가지 표준 규범이 있다. 회의에는 시간 관리, 회의 중 휴대폰 사용, 합의된 행동의 기록에 관한 명확한 규칙이 있어야 한다. 이러한 규칙은 궁극적으로 협상할 수 없어야 하지만, 팀원들이 규칙을 강요당하기보다는 스스로 규칙을 만들었다는 느낌을 받으면, 규정을 훨씬 더 강력하게 준수할 수 있다(도구 13). 협력적 언어 사용(도구 22), 모든 사람에게 발언권 부여(도구 24) 등 의사소통을 형성하는 도구는 팀에 맞는 긍정적인 행동을 확립하기 위한 메커니즘을 직접적으로 사용하는 좋은 사례이다. 이러한 도구는 명시적이며, 모든 논의 결과는 서면으로 기록되어야 하며, 이를 준수하지 않을 때는 팀에 책임을 물어야 한다.

팀의 잘못에 따라 덜 편안한 규범을 설정하는 다른 규칙도 있다. 어려운 목표를 달성하기 위해 탁월함/최고가 필요하다면 어떻게 하는가? 예를 들어, 팀이 서로 도전하고 최고의 아이디어를 최상으로 추진해야 하는가(도구 34)? 이는 그룹 프로세스에 상당히 방해될 수 있지만, 탁월함을 열망한다면 필요한 일이다. 마찬가지로, 팀이 복잡한 일련의 작업을 수행할 때, 팀 내부와 이해관계자 모두에게 기꺼이 피드백을 구한다면, 그 효과성이 크게 향상될 수 있다. 따라서 팀은 비판에 개방적이고 피드백을 통해 학습하고 적응할 수 있어야 한다(도구 14 및 42).

다른 규범은 좀 더 미묘하게 형성된다. 강박적인 비전을 수립하기 위한 도구(도구 10 - 큰 '왜?')와 '미래 스토리 만들기'(도구 15)는 팀에 어떤 규칙도 부과하지 않고, 그 대신 팀원들이 서로 다른 개인적, 직업적 배경과 관계없이 공통점에 집중할 수 있도록 유도하는 도구이다. 신뢰의 발전은 응집력 있는 조직을 만드는 데 기본이 된다는 사실은 반복해서 밝혀졌다. 팀원들이 서로 이해하는 데 더 많은 시간을 할애할수록, 팀원들을 하나로 묶어주는 유대감은 더욱 강해진다. 따라서 상호 이해는 강력한 규범이기는 하지만, 이를 강제하는 규칙이나 프로세스를 만들 수는 없다. 그 대신 상호 이해를 구축하는 데 도움이 되는 도구에 의존해야 한다. 팀원들이 두려움과 취약점을 드러내도록 장려함으로써 얻을 수 있는 가치는 매우 크다. 연구에 따르면, 팀원들이 서로 더 깊은 수준에서 공감하기 시작하면, 더 긴밀한 유대감을 형성하고 상호 책임감을 느끼기 시작한다는 사실이 지속해서 밝혀지고 있다. '동기를 부여하거나 짜증나게 하는 방법'(도구 16)과 같은 연습이 좋은 출발점이지만, 팀원들이 자기 생각과 느낌을 모두 설명하도록 장려하는 도구라면 무엇이든 팀을 강화하는 데 도움이 될 수 있다.

이 책에는 팀의 균형을 되찾는 데 도움이 되는 몇 가지 해결 도구도 포함되어 있다. 이러한 도구는 피로가 쌓이고 개인 간 갈등이 팀 역동 관계에 영향을 미치기 시작하는 장기 프로젝트에 특히 유용하다. '리셋 버튼 누르기'(도구 32) 그리고 '비난 금지' 문화 확립(도구 19)과 같은 도구는 팀이 자신을 하나의 실체로 바라보고 관점을 되찾는 데 도움이 된다. 팀의 회복탄력성 유지는 일반적으로 학계와 관리 모범 사례 모두에서 소홀히 다루어져 왔다. 금욕주의와 정신적 강인함은 훌륭한 자질이지만, 최근의 여러 연구에서 밝혀진 바와 같이 모든 개인에게는 한계점이 있다. 강력한 팀은 어려운 시기에도 구성원들을 지탱해 주므로 회복탄력성 도구는 모두가 압박감을 느끼기 시작할 때 실행할 수 있는 유용한 연습 세트를 제공한다.

이제 여러분은 팀의 역동성을 형성하고 구축할 수 있는 몇 가지 핵심 도구를 손에 쥐게 되었다. 그렇지만 장인이 되려면 시간과 연습이 필요하다. 행동 규범에 영향을 미치려면 코칭 철학에 기반을 둔 다른 리더십 접근 방식이 필요하다. 이에 대해서는 다음 장에서 다룬다.

# 3장
# 팀코치의 등장

업무 기반 팀 성과를 개선하기 위해 코칭 기법을 적용하는 개념이 빠르게 주목받고 있다. 일대일 임원 코칭이 주류 활동으로 자리 잡으면서, 더 많은 리더가 팀의 효과성에 관심을 기울이기 시작했다.

2017년, 글을 작성하면서 코칭 산업이 성숙하기 시작했음을 알 수 있었다. 경영대학원과 전문 대학에서는 경력 전환을 원하는 수천 명의 남녀를 대상으로 인증 코치 과정을 교육하고 있다. 과거에 코칭은 비용이 많이 들고 임원급에만 국한된 배타적인 자원으로 여겨졌다. 코칭의 가치를 인정하면서, 관리자가 부하직원을 개발하는 수단으로, 코칭과 관련된 소프트 기술을 배우도록 권장하는 일대일 코칭이 '사내' 역량으로 점점 더 도입되고 있다.

명령과 통제command and control 패러다임의 한계를 깨닫는 조직이 늘면서, 개인을 넘어 팀의 능력에 초점을 맞춰야 한다는 인식이 확산하고 있다. 대규모 조직에서 생산성의 단위는 개인이 아닌 팀이지만, 서구 문화는 그룹이나 무리tribe보다는 개인의 성공과 실패에 초점을 맞추는 경향이 있다. 비즈니스에서 성공은 개별 리더에게 귀속되는 경향이 있으며, 실제로 성과를 낸 팀에 대해서는 거의 공로를 인정하지 않는다. 마찬가지로 무언가 잘못되었을 때 목표나 기한 달성과 관련된 모든 사람 때문에 실패했는데도, 누군가에게만 책임이 있는 식으로 보여야 한다.

이 장에서 계속 논의하겠지만 리더십은 매우 중요하다. 그렇지만 여기서 강조하고 싶은 부분은 정보에 정통한 조직과 현명한 리더는 지속 가능하고 반복적인 성공에 대한 책임이 팀에 있음을 분명히 인식하고 있다는 점이다. 팀에 훌륭한 개인의 존재도 중요하지만, 궁극적으로 좋은 일과 나쁜 일, 그리고 추한 일의 차이를 만드는 것은 모두가 함께 일하는 방식이다.

스포츠 활동에서 팀코칭은 잘 자리가 잡혀 있고 이해되는 분야이다. 많은 스포츠 단체에서 팀을 지도하는 개인의 능력을 개발하기 위해 훈련과 자격 수준을 설정했다. 반면, 기업 세계에서는 팀코칭이 잘 알려져있지 않다. 그러나 팀코칭의 한 형태로 간주할 수 있는, 팀과 함께 일하는 자신만의 프로세스를 개발한 각각의 프랙티셔너들은 많다. 이런 선구자들은 프랙티스를 개발할 때 정보가 거의 없었다. 그들은 단순히 본능과 경험을 바탕으로 방법론을 만들어갔다. 그런데도 그들의 이야기를 듣고 다양한 관리자, 리더, 코치들이 유사한 핵심 원칙을 중심으로 자신만의 팀코칭 프로세스를 어떻게 개발했는지를 살펴보는 것은 매우 흥미롭다. 지난 10년 동안, 피터 호킨스Peter Hawkins, 데이비드 클러터벅David Clutterbuck과 같은 학자들과 프랙티셔너들은 팀 성과와 그룹 역동에 관한 다양한 연구를 체계적으로 정리하기 시작했고, 이는 서서히 표준화된 방법론으로 발전하고 있다. 그런데도 팀코칭 활용은 아직 초기 단계이다. 팀코칭에 내재한 개념과 프로세스는 아직 열성적인 사람들에 의해 주로 개발되고 있으며, 여전히 조직 활동의 주류 구성 요소가 되지는 못했다. 그러나 더 많은 프로젝트 관리자와 팀 리더가 팀 프로세스에 주의를 기울이는 일이 중요하다고 인식하면서 향후 몇 년 동안 상황은 바뀔 가능성이 크다.

팀코칭은 퍼실리테이션 그 이상임을 인식하는 것이 중요하다. 많은 코치와 리더십 컨설턴트가 수년 동안 팀과 함께 일해 왔다고 주장하지만, 이들의 업무는 대체로 장거리 근무를 촉진하거나 어려움에 빠진 팀을 중재하는 등 산발적인 개입 수준에 머물렀다. 더 순수한 형태의 팀코칭은 훨씬 더 관여도가 높은 활동involved activity이다.

팀코칭은 개인들의 집합이 아닌 하나의 개체entity로서의 팀에 주로 관심을 두는 다른 관점이 필요하다. 팀코치는 팀의 존재 이유를 뒷받침하는 결과와 그 목표의 성공적인 달성 방법에 중점을 둔다. 팀코칭이 실제로 무엇을 포함하는지 설명하기 위해서 여러 저자가 정의한 의미를 자세히 살펴보고 싶은 유혹이 있다. 그렇지만 이 책은 학술 서적이 아니므로, 명확한 목표와 결과가 있는 프로젝트나 기타 개별적인 활동 범위를 설정하는 수준에서 과거에 사용했던 정의로 논의를 제한한다.

> 프로젝트 팀코칭은 프로젝트 팀이 이해관계자가 원하는 결과를 제공하는데 필요한 협업 행동collaborative behaviours을 팀이 기대하는 성과 표준에 맞게 스스로 개발하고 구현할 수 있도록 일련의 개입을 적용하는 것이다(Llewellyn, 2015).

이 정의에서 가장 중요한 점은 다음과 같다.

- 코칭 역할은 지시가 아니라 가능하게 하는 데 있다.
- 진정한 팀워크의 핵심은 협업이다.
- 코치의 역할은 개인으로서의 팀이 아닌 원하는 프로젝트 결과에 초점을 맞추게 하는 데 있다.
- 팀이 성과 기준을 결정한다.

- 코치의 역할은 프로젝트 리더십의 일부일 수도 있고, 프로젝트 리더십과 구분될 수도 있다.

이 책은 프로젝트나 부서 간 이니셔티브와 관련된 팀에 초점을 맞추고 있다. 많은 아이디어가 그룹의 역동성을 개선하기 위해 일하는 모든 사람에게 유용하기 때문에, 이 도구와 기법이 상시 업무 팀이나 경영진에게 적용되지 않는다는 의미는 아니다. 내 선택은 많은 사람이 많든 적든 프로젝트에 관련된 일을 하면서 조직 생활을 한다는 관찰에 기초를 둔다. 프로젝트에는 팀이 필요하고, 프로젝트가 커질수록 복잡성을 관리하기 위해 더 많은 지원이 필요하다. 코칭 맥락에서 개입은 개인이나 그룹이 문제에 대한 접근 방식을 잠시 멈추고, 고려하며, 대안을 평가하도록 장려하기 위해 고안된 행동이다. 대부분 코칭 개입은 질문 형태이다.

## 당신은 어떤 유형의 팀코치인가?

대부분 경영 서적은 CEO와 다른 고위 의사 결정권자를 대상으로 한 지침서이다. 이 책은 CEO를 위해 쓰인 책이 아니고, 실제로 조직의 성과를 내는 사람들을 위한 책이다. 서문에서 밝혔듯이 이 책은 잠재적으로 다른 세 가지 경우의 독자를 위해 작성했다.

1. 어떤 형태의 이니셔티브나 프로젝트 결과를 만들어내야 하는 임무를 맡은 조직 내부 구성원으로 이루어진 교차 기능 팀의 리더
2. 다양한 외부 컨설턴트와 계약업체로 구성된 전문가 팀을 이끄는 프로젝트 관리자
3. 효과적으로 작동하는 팀을 구성하는 데 필요한 프로세스와 시스템을 만들고, 유지 관리하는 내부 또는 외부 팀을 지원하도록 위임받은 코치

물론 이러한 상황이 혼재되어 있을 수도 있지만, 이 장에서는 두 가지 상황을 대조적인 시나리오로 취급할 예정이다. 한 분야 또는 전문가 그룹의 관심사에 특화된 문제를 해결할 수 있다는 점에서는 분명한 장점이 있다. 그런데도 인간 집단과 함께 일할 때 직면하는 어려움은 어떤 분야에 초점을 맞추든 대체로 비슷하다. 앞으로 살펴볼 내용처럼 사람들에게 동기를 부여하고, 헌신을 불러일으키며, 상호 지원을 만들어내는 기법은 대체로 비슷하다. 달라지는 점은 각 상황의 맥락이다.

위의 세 가지 역할 각각이 직면하는 과제는 업무에 따라 매우 구체적일 수 있다. 외부 컨설턴트로 구성된 팀을 이끌어야 하는 프로젝트 관리자는 대규모 조직의 내부 정치와 씨름하는 교차 기능 팀

의 리더와는 다른 접근 방식이 필요하다. 따라서 도구와 기술에 관해 자세히 알아보기 전에 팀코칭을 세 가지 범주 각각에 어떻게 적용할 수 있는지에 대한 개념을 살펴보자.

## 팀 리더에서 팀코치로

이전 장에서 논의했듯이 명령과 통제 문화에서 일하는 중간 관리자는 헌신적이고 참여도가 높은 인력을 육성하는 데 어려움을 겪는다. 그렇지만 미래를 내다보면, 활기찬 팀을 이끄는 능력에 따라 경영 성공이 좌우되는 다양한 환경을 쉽게 볼 수 있다. 21세기의 리더십은 역할이 복잡하다. 기본 규칙이 지속적으로 불확실한 상황인 가운데 운영해야 하기 때문이다. 조직 내 직급과 관계없이 이해관계자, 관리자와 부하직원과 관계를 일관되게 유지해야 한다. 21세기의 팀 리더로서 생존하고 성공하려면, 팀의 하위문화에도 관심을 기울일 필요가 있다. 문화는 사람들의 행동 방식을 지배하며, 전반적인 조직 문화를 무시할 수는 없는 반면, 큰 조직의 모든 부분은 자신만의 고유한 하위문화를 발전시킨다.

문화는 근본적으로 '우리가 이곳에서 일하는 방식'에 관한 것이다. 문화는 시간이 지남에 따라 발전하는 일련의 암묵적 또는 무언의 규칙이다. 문화는 팀 내 관계에 영향을 미치며, 논의하거나 논의하지 않는 부분에 대한 규칙을 정한다. 환경이 평온한 '안정 상태'에서는 대부분 팀원이 문화의 한계를 어려움 없이 극복하는 방법을 배운다. 성공적인 문화는 팀이 압박받을 때 그 모습을 드러낸다.

팀은 다양한 영역에서 행동을 학습한다. 일부 행동은 다른 팀에서 가져오기도 하지만, 대부분 영향은 리더에게서 받는다. 성공적인 팀에서 발견되는 문화적 특성은 다음과 같다.

- 팀에 의미가 있는 강력한 핵심 가치
- 팀의 존재 이유에 대한 명확한 목적과 비전
- 업무 수행 방식에 대한 높은 수준의 자율성
- 지속적인 개선에 대한 열망
- 변화에 대한 긍정적인 태도와 새로운 환경에 대한 빠른 적응력
- 팀 내부와 외부 상호작용의 투명성 transparency

이러한 특성은 일반적으로 저절로 개발되지 않는다. 습관이 될 수 있도록 누군가가 시작하고 강화해주어야 한다.

버나드 배스 Bernard Bass(1990)는 기존의 하향식 '거래적 transactional'인 관리 마인드셋에 대한 대안적 접근 방식으로 '변혁적 리더십

transformational leadership'이라는 용어를 도입했다. 그는 리더가 조직 프로세스 완성에 대한 집중을 줄이는 대신, 팀의 가용 자원을 더 많이 활용하는 독특한 스타일을 표현하고자 했다. 따라서 변혁적 리더십은 사람에 초점을 맞추고, 팀이 공동의 목적과 목표에 더 큰 주인의식을 가질 수 있는 환경 조성이 특징이다. 변혁적 리더십 스타일은 통제를 줄이고, 개인의 재능을 키우고, 팀 발전을 저해하는 장애물을 제거하여 팀의 성공을 돕는 데 더 집중한다.

로버트 그린리프Robert Greenleaf(1970)가 처음 사용한 '서번트 리더십'이라는 용어는 리더십에 관한 경영 이론에서 점점 더 널리 받아들여지고 있다. 서번트 리더십의 기본 개념은 팀이 리더에게 봉사하지않고, 리더가 팀에 봉사하는 데 목적이 있다. 이 개념은 위계적인 문화에서는 불편하게 느껴질 수 있지만, 리더십에 대한 대안적 접근 방식으로서 팀코칭에는 유용한 마인드셋이다. 서번트 리더의 역할은 주로 지시보다는 안내와 지원을 제공하는 조력자 역할이다. 여러분에게 적합한지는 팀과의 관계를 어떻게 바라보느냐에 따라 달라진다. 팀원 개개인의 역할이 리더의 지시를 이행하는 데 있는가? 아니면 개인의 의사 결정에 더 큰 자율성을 부여하는 일이 중요한가?

변혁적 리더십 또는 서번트 리더십 스타일을 개발하기 위해 취할 수 있는 여러 가지 잠재적인 경로가 있지만, 간단한 경로 가운데 하나는 팀코칭 마인드셋의 채택이다. 직속 관리 권한이 없는 다른 부서 사람을 통제하려는 행위는 쓸데없는 일이 될 가능성이 크다. 따라서 여러 부서가 함께 일하는 작업 그룹에서는 이 스타일이 더 합리적이다. 일선 관리 책임자 이외의 사람들이 여러분의 지시를 마음에 들어 하지 않는다면, 프로젝트에서 손을 떼는 방법을 찾아 내는 건 언제나 쉽다. 사람들을 프로젝트에 참여하게 하는 활동에 집중하고, 성공적인 결과물을 만들기 위해 기꺼이 재량권을 발휘할 수 있는 팀 문화를 조성하는 편이 훨씬 낫다.

## 프로젝트 관리자에서 팀코치로

프로젝트 관리 직업은 지난 40년 동안 지속해서 발전해왔다. 조정coordination과 계획planning으로 시작된 역할은 훨씬 더 광범위한 스킬 셋트로 발전했다. 프로젝트 관리자는 일반적으로 자신의 지식을 공유하는 데 너그러우며, 광범위하고 모범적인 시스템 프로세스 사례와 공인 자격이 국제적으로 확립되어 있다. 전 세계가 사회적, 기술적, 정치적 혼란에 지속적으로 대처해야 하면서 프로젝트 매니저에 대한 수요는 앞으로도 증가하리라 예상된다. 그러나 가장 수요가 많은 프로젝트 관리자는 훨씬 더 광범위한 기술을 보유해야 한다.

지난 5년 동안 기술적인 스킬 세트와 프로젝트 제공에 관한 철학적 접근 방식 모두에서 애자일 프로젝트 관리agile project management(APM) 도입에 대한 관심이 높아졌다(Beck et al., 2001). 소프트웨어 업계에서 시작된 움직임이 더 넓은 프로젝트 관리 커뮤니티로 서서히 확장하고 있다. 애자일 프로젝트 관리 프로세스에는 이 책의 범위를 벗어나는 기술적 측면이 많다. 그러나 팀코칭 개념과 매우 관련이 있는 몇 가지 중요한 변화가 있다.

역사적으로 프로젝트 관리자는 기술, 엔지니어링, 건설 등 어떤 형태의 기술 전문직이나 분야에서 출발했다. 대부분 프로젝트 관리자는 프로젝트에서 발생하는 기술적 과제에 대해 이해도 수준이 높다. 이런 특성은 프로그램 조율이 주요 과제인 복잡한 프로젝트에서 매우 유용하다. 프로젝트가 복잡해지고 이해관계자의 피드백에 따라 지속해서 조정되면서 반복 작업을 빠르게 진행해야 할 때는 그 가치가 떨어진다(기술 7 - '애자일' 마인드셋 채택 참조).

애자일 프로젝트 관리는 프로젝트 관리 직업의 광범위한 트렌드를 보여주는 한 가지 예시일 뿐이다. 점점 더 많은 논평가가 프로젝트 관리자가 더는 조직적 스킬에만 의존해서는 시장 가치가 없다고 생각한다. 기술과 상품화의 발전으로 인해 프로젝트 관리 프로세스의 많은 부분이 쓸모없어지거나, 손쉽게 아웃소싱되고 있다.

그러나 불확실한 상황에서는 누군가가 프로젝트 진행 방식에 대해 어느 정도 통제권을 가진 것으로 보여야 할 필요가 있다. 논리적으로, 이 사람은 프로젝트 관리자이며, 적어도 이론적으로는 대부분 정보에 접근할 수 있는 유일한 사람이다. 따라서 프로젝트 관리자의 역할은 링마스터에서 가이드 역할로 전환되어, 팀원들이 경로를 정할 때 방향을 제시하는 데 있다. 미래에 고객이 추구하게 될 가치는 복잡성을 관리하고, 변화를 주도하며, 혁신을 촉진하는 능력에 있을 가능성이 크다.

이러한 결과를 얻으려면 팀을 다른 방식으로 관리하는 스킬이 필요하다. 리사 애드킨스Lyssa Adkins(2010)는 프로젝트 관리자가 1차 관리자에서 팀코치로 이동하면서 발생하는 몇 가지 접근 방식의 변화를 파악한다. 애드킨스의 관찰 내용은 [표 3]에 있다.

이러한 접근 방식의 변화는 전통적인 지시 방식에 익숙한 많은 숙련된 프로젝트 관리자를 불편하게 할 수 있다. 그러나 '애자일' 접근 방식을 실험하고 새로운 마인드셋을 테스트하면서 시간이 지남에 따라 변화 가능하다. 애드킨스(2010)는 프로젝트 관리자에서 팀코치로 전환하는 과정을 우여곡절이 많은 여정이라고 설명한다. 그러나 목적지에 도착하면 그만한 가치가 있다.

[표 3] 프로젝트 관리에 대한 접근 방식 변화

| 다음에서 벗어나기 | 다음으로 이동하기 |
|---|---|
| 개인 조정하기 | 팀의 협업 학습 지원하기 |
| 주제별 전문가 | 팀을 위한 퍼실리테이터 역할 |
| 특정 결과에 집중 | 전반적인 성과에 대한 최우선적 관심 |
| 답을 알아내기 | 팀에게 답을 묻기 |
| 지시하기 | 팀이 스스로 길을 찾도록 격려하기 |
| 유도하기 | 안내하기 |
| 문제 해결하기 | 팀의 문제를 제기하기 |

## 임원 코치에서 팀코치로

세 번째 잠재적 팀코치 유형은 일대일 코칭 훈련을 받은 뒤 팀과 함께 일하는 개인이다. 여기서 코치의 위치는 리더가 아니라 팀을 지원하는 역할이다. 코치가 점점 더 많은 시간을 개인이 아닌 팀과 함께 일하는 데 사용하는 미래를 쉽게 상상할 수 있다. 이는 응집력 있는 팀을 필요로 하는 프로젝트가 늘어나리라 예상되기 때문이다. 팀코칭 프랙티스도 계속 발전할 예정이다. 조직과 프로젝트 리더가 팀코칭 지원의 이점을 경험하면서 포트폴리오의 모든 프로젝트에 대해 팀코칭을 찾을 가능성이 크다.

코치에서 팀코치로 이어지는 가장 일반적인 과정은 코치와 함께 일하는 고객의 요청에 응하는 경우다. 수석 코치가 관리자 팀과 함께 일하거나 외부 이벤트 진행을 도와달라는 요청을 받는 경우는 매우 흔한 일이다. 많은 코치에게 이는 팀과 함께 일한 경험의 한계이기도 하다. 개인 그룹을 코칭하려면 여러 가지 중요한 사고의 전환이 필요하다. 가장 중요한 사고의 전환은 자신이 왜 그곳에 있는지 인식하는 데 있다. 팀코칭은 같은 팀에 속한 여러 사람에게 개별적인 개발을 지원하는 일이 아니며, 이는 단지 연속적인 코칭 문제일 뿐이다.

팀을 코칭하려면 기본적으로 팀이 공동의 목적을 달성하도록 도와야 한다. 팀코치로서 마인드셋은 개인에서 벗어나 팀을 하나의 실체로서 생각해야 한다. 팀에 도움이 되려면 기술팀이 전문성이 부족하거나 단순히 시간이 없어서 못 하는 필요한 개입을 제공하여, 팀이 목표를 향해 나아갈 수 있도록 도와주는 데 초점을 맞춰야 한다.

외부 팀코치가 제공하는 주요 가치 영역은 팀이 협업 단위로서 효과적으로 기능하는 데 필요한 행동 규범을 개발하게 돕는 일이다. 기술적인 사람들은 작업 진행과 프로젝트 납품의 첫 단계로 바로 뛰어들고 싶은 거부하기 힘든 충동을 느낀다. 코치의 역할은 팀이 앞으로의 과제와 그 과제에 대처하는 방법을 생각하도록 장려하는 데 있다(기법 3 - '속도를 높이려면 속도를 늦춰라' 참조).

일대일 코칭에서 배우는 많은 코칭 스킬은 팀과 함께 일할 때 유용하다. 그룹의 근본적인 역동을 인식하고, 통찰력 있는 질문을 하며, 응답을 경청하는 능력은 주요 스킬 모음의 일부다. 팀원과의 상호작용에서 나오는 모든 정보, 여기서 더 중요한 점은 서로에게서 나오는 모든 정보를 보고 들을 수 있는 인식을 높이는 데 있다.

보디랭기지, 대인관계, 조직 내 역사를 살펴보면 표면 아래에서 어떤 일이 벌어지는지 파악하는 데 도움이 된다. 그렇지만 팀코치의 역할은 팀 내부 관계에만 국한되지 않는다. 팀코치는 시스템적으로 사고할 수 있어야 하며, 팀 외부에서 팀원들의 행동에 미치는 영향을 이해할 수 있어야 한다. 팀코치가 하는 일 대부분은 팀원들과 함께 하는 것이므로 강력한 퍼실리테이션 기술도 필수적이다.

주의할 점이 있다. 팀코칭에 매력을 느끼는 사람들은 일반적으로 회의실 맨 앞에 서서 의제를 통제하는 데 익숙하다. 외부 팀코치는 자신의 역할이 팀을 지원하는 일이지 리더의 역할을 빼앗는 일이 아님을 명확히 할 필요가 있다. 외부 퍼실리테이터의 열정과 대안적 사고로 인해, 임시 팀 리더의 지위를 맡을 정도로 팀원들에게 깊은 인상을 남기는 문제는 흔히 반복적으로 발생한다. 팀코치가 회의실을 떠나면 행동과 사고가 이전 수준으로 되돌아가는 상황은 그 누구에게도 도움이 안 된다. 따라서 팀코치는 팀 리더와 긴밀히 협력하고, 기술 제공의 일부 구성 요소가 되기보다는 지원하는 역할이 되도록 해야 한다.

## 프로젝트 팀코칭을 위한 팀코칭 모델

불확실한 상황에서 성공해야 하는 팀을 구성하고 싶다면, 그룹이 팀으로 진화하는 방법과 관련된 몇 가지 기본 사항을 이해하는 것이 좋다. 효과적인 팀에 관한 연구는 어느 정도 과학적인 프로세스인데, 이는 팀에 필요한 중요한 단계를 제시하기 때문이다. 반면에 팀 개발에는 기술적인 측면도 있는데, 이는 모든 새로운 팀이 그룹을 구성하는 성격과 서로의 관계 방식이 전부 독특하기 때문이다. 팀을 만들고, 개발하고, 육성하려면, 다음 두 가지 핵심 요소에 주의를 기울여야 한다. 업무 전달-팀이 업무를 어떻게 전달할지와 개인이 응집력 있는 단위로 함께 일하는 방법인 팀 프로세스이다.

업무 전달은 계획, 자원 구성, 목표 달성에 필요한 기술적 문제 해결을 중심으로 이루어진다. 팀 프로세스는 팀이 실제로 협력하는 방식과 관련이 있다. 팀코칭은 주로 팀 프로세스와 관련 있지만, 항상 효과적인 작업으로 결과를 달성해야 한다는 맥락에서 이루어진다.

이 책의 도구는 [그림 2]에 나와 있는 프로젝트 팀코칭 모델을 중심으로 구성되어 있다. 이 모델은 팀 성과, 그룹 역동 그리고 프로젝트 효율성에 관한 다양한 연구에서 파생되었다. 팀코칭 방법을 배울 수 있는 다양한 모델이 있지만, 프로젝트마다 복잡한 문제를 해결하는 데 필요한 협업 행동을 설정하고 유지하는 데는 고유한 어려움이 있다.

모델은 잠재적으로 복잡한 문제를 간단하게 설명하거나 관점을 제공하는 데 유용하다. 또 다양한 시나리오가 적용될 수 있는 개요를 작성하는 일도 좋다. 모든 모델에는 맥락이 빠져 있으므로 모든 상황을 포괄할 수 있는 신뢰도에는 한계가 있다. 따라서 독자는 이 모델들이 올바른 여정의 방향성을 제시하지만, 외부 현실을 모두 반영하는 것이 아닌 추상적인 개념임을 받아들여야 한다.

이 모델은 다양한 도구를 사용할 수 있는 프레임워크를 제공한다. 올바른 행동 규범을 설정하기 위해 프로젝트 주기 초기에 일부 활동을 수행해야 한다는 점에서 이 모델은 어느 정도 순차적이다. 그런 다음, 다른 통합 활동이 이어진다. 그러나 현실에서는 복잡한 프로젝트의 구조나 프로그램이 그렇게 깔끔하지 않다. 프로젝트는 시작되었다가 잠시 멈추기도 한다. 사람들은 계획되지 않은 간격으로 참여하고 떠나며, 외부 환경은 끊임없이 변화한다. 따라서 이 모델은 일련의 규칙이 아니라 하나의 지침으로 간주하자.

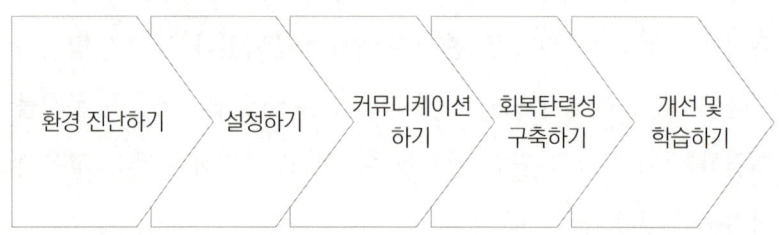

[그림 2] 팀코칭 모델

팀코칭 모델은 다섯 가지 주요 단계를 중심으로 작동한다.

## 시스템 환경 진단

첫 번째 단계는 팀이 직면하고 있는 도전 정도를 현실적으로 인식하여 눈을 크게 뜨고 프로젝트에 착수하기이다. 이 과정에서는 진행하고자 하는 프로젝트나 이니셔티브에 영향을 미칠 조직과 환경적 한계를 냉정하게 봐야 한다. 많은 프로젝트가 실패하는 이유는 시작 단계에서 현실적으로 실현될 수 없는 가정을 했기 때문이다.

따라서 도구 2와 3에 설명된 대로 일련의 질문을 통해 프로젝트 추진 동기가 무엇인지, 이해관계자의 기대가 현실적인지, 스폰서가 프로젝트의 성공을 위해 전적으로 헌신하고 있는지 테스트하는 일이 유용하다. 예산이 현실적인지, 프로그램이 실행 가능한지, 필요한 자원들을 사용할 수 있는지 확인해야 할 때다. 이는 팀이 즉각적으로 통제할 수도 없고, 그 영향력에서 벗어날 수 없는 요소이다. 처음 조건이 최적이 아닌 것으로 보이면, 팀의 궁극적인 수행 능력에 실질적인 위험을 초래할 수 있다. 따라서 이 단계의 또 다른 요소는 팀 리더가 스폰서 및 이해관계자와 대화를 통해 모든 사람이 위험을 인식하고 환경 조건을 개선하는 데 필요한 조치가 취해지도록 하는 데 있다. 이는 프로젝트가 탄력을 받기 전에 논의해야 할 사항이다. 일단 활동을 시작하면 계획 미비로 인해 논의해야 할 문제로 보여서 변명거리로 전락할 가능성이 크다. 초기 단계에서 상대방과 소통하면 대립하지 않고도 영향력 있는 질문을 하고, 자기 입장을 주장할 수 있는 적극적인 대화를 할 수 있다.

## 설정과 시작

팀 성과에 관한 연구는 긍정적인 행동 규범을 확립하는 데 중요한 5단계를 일관되게 보여주고 있다. 많은 사람이 브루스 터크먼Bruce

Tuckman(1965)이 제안한 팀 개발의 형성기forming, 격동기storming, 규범기norming, 수행기performing 모델에 익숙하다. 이 단계는 팀 리더 또는 팀코치로서 팀이 형성과 폭풍 단계를 거치면서 팀의 행동을 만들 수 있는 단계이다. 다섯 가지 요소는 다음과 같다.

- 팀에 부합하는 명확하고 강력한 비전을 수립한다.
- 주요 이해관계자 관계를 명확히 하고, 이들과 소통하고 참여를 높이기 위한 계획을 합의한다.
- 팀에 적절한 기술과 올바른 태도를 가진 적절한 인력이 있는지 확인한다.
- 팀원들이 함께 모일 때와 회의 외부에서 팀 목표를 달성하기 위해 연결할 때, 팀원들이 어떻게 행동할지에 대한 기본 규칙에 동의한다.
- 개인과 집단적 책임에 대한 동의를 구한다.

이 단계는 선택 사항이 아니다. 이 작업은 보통 프로젝트 시작 워크숍에서 이루어지며, 팀이 서로 알아갈 수 있도록 이틀간 진행하는 것이 이상적이다. 행동 설정이 생략되었을 때, 복잡한 프로젝트가 성공하는 경우는 거의 없다. 증거가 있는데도 얼마나 많은 팀이 이 단계를 무시하고 과제 실행에 뛰어들었다가 잘못된 팀 행동으로 프로젝트 진행 속도가 급격히 느려지는 대가를 치르는지 놀라울 정도이다.

## 의사소통 학습을 통한 실행 활성화

이제 어려운 부분이 남았다. 준비 워크숍에서 수립한 모든 좋은 의도를 실행해야 한다. 나는 성공적인 워크숍을 위해 양질의 시간을 투자하고도 곧바로 업무 완료를 위한 업무 프로세스로 회귀하는 팀을 많이 보았다. 누군가는 실행 계획의 실행을 책임지고 합의된 행동 규범을 확립하고, 내재화하도록 해야 한다. 팀에 전문성이 부족한 경우 팀코치의 역할은 이 중요한 책임을 맡는다. 또한 실행 단계에서는 코치가 명확하게 의사소통하고, 대화를 장려하며 명료한 이해를 보장하는 프로세스, 루틴과 활동을 전반적으로 관리해야 한다.

## 회복탄력성 구축하기

이 모델의 다음 요소는 프로젝트에서 팀이 성과를 내야 한다는 집단적 압박을 받는 시기에 대한 준비이다. 팀 회복탄력성team resilience이라는 제목 아래에는 다양한 활동이 있으며, 그 가운데 다수가 툴킷에 제시되어 있다. 예를 들어, 관계 갈등을 관리하기 위한 메커니즘과 프로토콜, 스트레스 모니터링, 비난 문화에 빠지지 않고 나쁜 소식을 처리하는 팀의 능력 향상법 등이 있다. 그러나 팀코치로서 여러분의 목표는 압박감이 닥치기 전에 팀에 회복탄력성을 구축하여 자원 부족, 마감일 임박, 범위 변경 등의 문제에 적응하는 방법을 팀 전체가 집단으로 배우게 하는 데 있다. 강력한 팀은 압박 속에서도 성공하는 법을 배우며, 일부 분야에서는 회복탄력성을 경쟁 우위의 원천으로 간주할 수 있다.

## 배태 학습 embed learning

연구에 따르면 훌륭한 팀은 지속적인 개선에 주의를 기울인다. 이를 위해서는 정기적으로 전달 프로세스에 시간을 배정하여 작업 방식을 검토하고, 개선 방법을 합의해야 한다. 이는 간단하게 들릴 수 있지만, 대부분 팀에는 반복 학습을 실천할 수 있는 마인드셋과 구조 모두가 부족하다. 따라서 팀코칭의 역할에는 팀이 결과를 만들어내는 더 나은 방법을 검토하고, 반영하며, 계획하고, 실행에 옮길 수 있는 메커니즘을 개발하도록 돕는 작업이 포함된다.

## 요약

코칭 도구와 기법의 사용은 어려운 과정일 수 있다. 인내심이 필요하며, 외부에서 빠른 결과를 보여 달라는 압박이 있을 때도 어려울 수 있다. 훌륭한 팀을 구축하려면 배우기 어려운 '소프트 스킬'을 개발해야 한다. 다양한 기술을 배우고, 실험하며, 자신의 스타일에 맞게 조정하는 과정에 투자해야 한다. 그렇지만 팀 성과와 생산성뿐만 아니라 개인의 기대 이상으로 팀이 성장하고 성공하는 모습을 지켜보면서 개인적인 만족감까지 얻을 수 있다는 점에서 잠재적으로 그 보상은 매우 클 수 있다.

# 2부 팀코칭 기법

2부에서는 3에서 설명된 도구를 더 효과적으로 적용하는 데 도움이 되는 10가지 기법technique을 소개한다.

**기법 1** 시스템적 사고와 영향력 영역
**기법 2** 사고하는 환경 조성하기
**기법 3** 속도를 높이려면 속도를 늦춰라
**기법 4** 호기심 질문
**기법 5** 영향력 있는 질문
**기법 6** 단서를 찾기 위한 듣기
**기법 7** '애자일' 마인드셋 도입
**기법 8** 사례 이야기 활용하기
**기법 9** 시각 정보의 중요성
**기법 10** 복잡성 속에서 성숙함 개발

기법technique이란 '어떤 일을 하는 방법'으로 정의한다. 좋은 기법은 행동을 더 쉽고 격조 있게 만든다. 기법은 시간이 지남에 따라 발전할 수 있는 학습 활동이다. 여러 가지 기법을 모으면 작업 철학을 개발할 수 있다.

다음 페이지에 설명된 기법들은 특히 프로젝트 팀과 함께 작업할 때 필요한 팀코칭의 중요한 몇 가지 핵심 프로세스를 설명한다.

이 기법들은 여러분이 직면하는 각기 다른 팀 시나리오에 어떻게 접근하는지에 관한 사고방식을 나타낸다. 일부 기법은 관점 전환이 필요하지만 다른 기술은 매우 실용적이다.

이러한 개념을 일관되게 적용하는 방법을 배우면 코치와 리더로서 자신감을 키우는 데 도움이 된다. 이 섹션을 읽으면서 현재 이러한 방식으로 어느 정도 일하고 있는지, 그리고 각 개념을 어떻게 탐구하고 실험하여 스킬을 향상할 수 있을지 생각해 보자.

## 기법 1
# 시스템적 사고와 영향력 영역

## 시스템적 사고란 무엇인가?

시스템적 사고systemic thinking는 다양한 관점에서 문제나 이슈를 바라보는 메커니즘이다. 시스템적 사고는 원인과 결과에 대한 인식에 따라 즉각적인 결론에 도달하여 사건에 대응하는 대신, 다양한 시스템이 상황이나 사건에 미칠 영향을 이해하도록 장려한다. 이 과정에서 팀코치는 속도를 늦추고 폭넓은 질문을 던져야 한다.

## 왜 유용한가?

시스템적 접근법은 특히 그룹이나 팀에서 일하는 사람들에게서 관찰할 수 있는 행동의 복잡한 패턴을 이해하는 데 유용할 수 있다. 이러한 힘을 이해하면 증상뿐만 아니라 문제의 근본 원인을 해결하여 잠재적인 문제에 대한 해결책을 찾을 가능성이 커진다.

## 이론

인간은 고립되어 작동하는 경우가 거의 없지만, 그 대신 시스템(또는 다양한 시스템)의 일부로 작동한다. 행동은 우리가 속한 각 시스템의 영향을 강하게 받는다. 시스템은 시스템 외부의 이벤트에 반응할 때 시스템의 사용자가 지속해서 조정하는 여러 상호 연결된 활동으로 구성된다.

시스템적 사고는 때때로 복잡한 상황의 기초인 구조를 보는 방법으로 설명된다. 사건은 일련의 특정 행동으로 인해 발생한 듯 보일 수 있지만, 실제로는 원인이 초기 증거를 넘어 확장된다. 대부분 문제에 대한 우리의 첫 번째 반응은 본능적이고 감정적인 경향이 있다. 따라서 우리의 정신적 과정은 문제의 전체 범위를 이해하는 데 필요한 모든 정보를 추구하지 않는다. 시스템 이론은 사건이 발생한 시스템에 영향을 미칠 다른 모든 요인을 살펴보도록 촉구한다.

## 프랙티스

그렇다면 팀 내에서 복잡한 행동을 관리하는 맥락에서 시스템적 사고를 실제로 어떻게 적용할 수 있을까? 출발점은 명백한 그 너머를 보아야 한다는 점을 인식하고 문제나 문제에 영향을 미치는 모든 요인을 파악하는 데 있다. 이 작업을 수행하려면 본능적인 반응을 무시하고 시스템에서 일어난 일과 현재 일어나고 있는 일에 대해 성찰하는 시간을 가져야 한다. 본질에서 당신은 다르게 질문해야 한다. 이는 혼자서 할 수 있는 연습이지만 다른 팀 구성원을 참여시킬 때도 효과적으로 작동한다.

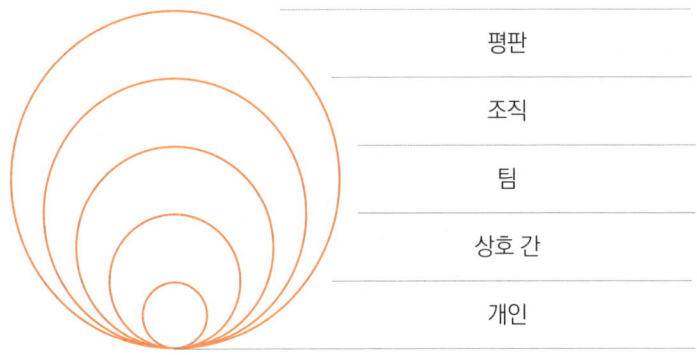

[그림 3] 영향력 영역

내 친구인 윌 칼슨Will Karlsen과 애드리언 휠러Adrian Wheeler는 그림에서 보듯이 '영향권'이라고 부르는 개념을 설명하는 데 도움이 되는 시각적인 그림을 고안했다. 각 영역은 개인, 대인관계 또는 팀 수준에서 조직과 인간 상호작용의 다른 측면을 나타낸다. 조직은 또한 직원과 이해관계자와 상호작용해야 하는 더 넓은 영역 내에 존재한다. 개인이나 팀이 특정한 방식으로 행동하는 이유를 이해하려고 할 때, 시스템인 접근 방식은 다섯 가지 영역 모두가 상황에 미칠 수 있는 영향을 고려하도록 촉구한다.

기본 이론은 대부분 복잡한 상황을 다섯 가지 모든 영역의 렌즈로 봐야한다는 점이다. 각 렌즈는 시청자가 다른 측면에서 문제를 볼 수 있도록 다른 관점을 요구하며, 행동 방침을 결정하는 데 사용할 수 있는 더 풍부한 데이터 소스를 제공한다. 더 깊은 문제를 드러내는 데 도움이 될 수 있는 부차적인 질문을 유도하는 메커니즘이다. 설명을 위해 팀과 수잔이라고 부르는 영향력 있는 이해관계자 사이에 의견이 일치하지 않는 예를 선택하겠다. 그녀는 팀 업무에 대한 존중이 부족하다고 인식되는 발언을 하여 팀을 화나게 했다. 당신의 본능적인 반응은 동료들을 방어하고 수잔을 '바보'(또는 다른 완곡어법)로 치부하는 것이다. 팀은 이제 이 사람을 적으로 간주하고 진전을 가로막는 장애물을 만든 그녀를 비난하기 시작한다. 그러나 문제는 그녀의 의도를 가정함으로써 긍정적인 관계를 재건하려는 시도에서 선택권을 제한했다는 점이다. 시스템적인 접근 방식은 결론에 도달하기 전에 일련의 추가적인 질문을 하도록 유도한다.

초기 대화는 대인관계 영역을 통해 이루어졌으므로 시스템적인 과정은 먼저 자신의 감정적 반응을 인식하고 다른 렌즈를 통해 상황에 대한 냉정한 시각을 취하려고 노력해야 한다. 개인 영역은 이제 이해관계자나 프로젝트 후원자의 심리적 동인을 이해하는 데 사용된다. 당신이 그녀에 대해 아는 바에 따르면, 그녀의 행동을 이끄는 동인은 무엇인가? 그녀는 사람, 프로세스 또는 성과를 지향함으로써 동기가 부여되는 것으로 보이는가? 그녀가 전략적 사상가라고 생각하는가?, 아니면 세부 사항에 들어가기를 좋아하는 듯한가? 당신이 그녀의 마음을 읽을 수 없으므로, 당신이 할 수 있는 일은 그녀의 명백한 태도를 더 잘 이해할 수 있는 단서를 찾는 것뿐이다. 개인 영역을 통한 반대 보기도 관련이 있을 수 있다. 자신의 동인과 감정적 반응을 이해하고 있는가? 수잔과의 초기 상호작용은 무엇이었으며, 그것이 그녀를 대하는 태도에 영향을 미쳤는가? 자신의 선호도, 동기, 편견을 아는 것은 무의식적으로 의견과 태도를 형성하는 데 도움이 되므로 항상 유용하다.

이제 개인적 관점과 대인관계 관점을 모두 갖게 되었다. 다음 단계는 뒤로 물러서서 팀의 렌즈를 통해 본다. 이해관계자와 팀 사이의 상호작용은 집단 단위로서 무엇인가? 후원자는 팀의 사명과 극복해야 할 과제를 정말로 이해하고 있는가? 팀은 프로젝트의 다른 영역에서 발생할 수 있는 좌절감을 짊어질 희생양을 찾고 있는가? 그렇다면 기업은 향후 지원을 보장하기 위해 이해관계자와 어떻게 다시 참여해야 하는가?

그러나 재참여만으로는 충분하지 않을 수 있다. 수잔의 비판은 당신이 알지 못했던 더 넓은 조직에 영향을 미치도록 압력을 넣은 결과였을 수도 있다. 그렇다면 팀 외부 사람들에게 영향을 미칠 수 있는 문화적, 정치적 세력은 무엇인가? 때때로 조직 렌즈를 통해 상황을 볼 때 불규칙한 행동이 이해되기 시작한다.

마지막 관점은 평판 렌즈를 통해 본다. 이를 위해서는 외부 세계에서 조직에 영향을 미치는 힘을 고려해야 한다. 압력은 고객, 주주 또는 납세자와 같이 의사 결정에 직간접적으로 영향을 미치는 외부 기관이나 개인에게서 온다. 현대 사회에서 조직이 어떻게 인식되는지는 매우 중요할 수 있다. 평판은 고객의 충성도 유지, 금융 시장이 자금을 제공하는지, 기관이 청렴하게 행동할 수 있는지에 영향을 미칠 수 있다. 외부 사건이 불확실성과 모호성을 만들기 시작하면 높은 수준의 의사 결정이 때때로 약간 당황스러울 수 있다.

다양한 관점을 통해 질문하는 이 과정은 실제로 무슨 일이 일어나고 있는지 이해하는 데 훨씬 더 풍부한 수준의 정보를 제공하는 매우 유용한 기술이다. 시간이 지남에 따라 연습하면 표면 아래에 있는 데이터를 빠르게 찾고 팀이 부정확한 결론에 도달하는 것을 방지할 뿐만 아니라 어려운 상황에 대한 더 나은 답변을 찾는 데 도움이 되는 질문을 할 수 있다.

## 기법 2
# 사고하는 환경 조성하기

## 사고하는 환경이란 무엇인가?

팀이 개별적으로나 집단으로 사고하도록 장려하기 위해 적절한 조건을 지속해서 조성하는 기술이다. 이는 바로 퍼실리테이션 역할이다.

## 왜 유용한가?

긴급하고 긴박한 상황에서 사람들은 때때로 명확하게 사고하고 일상적인 프로세스에 집중하는 능력을 잃게 된다. 팀코치로서 여러분의 역할 가운데 하나는 팀원 모두가 문제에 대해 생각하고, 앞으로 나아갈 방법을 집단으로 결정할 수 있는 여건을 조성하는 일이다.

## 이론

낸시 클라인Nancy Kline은 '사고하는 환경thinking environment'을 조성하기 위한 여러 가지 조건을 제시한다(Kline, 1999). 주의 집중, 예리한 질문, '사고하는 동료thinking peer'로서 각 사람을 동등하게 대우하는 행동과 같은 몇 가지 핵심 코칭 속성을 꼽았다. 주요 메시지는 일상적인 활동의 복잡함을 한쪽으로 치우면 누구나 더 명확하게 생각할 수 있는 능력을 갖추게 된다는 점이다. 팀코치로서 여러분의 역할은 그 과정을 촉진하는 일이다.

퍼실리테이션이라는 단어는 프로세스를 더 쉽게 만드는 작업으로 정의할 수 있다. 팀코치의 역할 가운데 중요한 부분은 팀원들의 사고를 도와서 문제에 대한 해답을 찾을 수 있게 돕는 일이다. 똑똑하고 유능한 개인들로 구성된 팀과 함께 일할 때는 다소 우스꽝스러운 제안처럼 보일 수 있지만, 그룹으로 사고하려면 모두가 같은 문제에 순간적으로 집중할 수 있도록 사고의 순서를 관리해 주는 사람이 필요하다. 퍼실리테이션은 팀이 생각할 수 있는 최상의 환경을 조성하는 중요한 팀코칭 기술이다.

사고 환경의 개념은 여러 수준에서 작동한다. 팀의 창의적인 문제 해결 능력에 영향을 미칠 수 있는 모든 요소에 주의를 기울여야 한다. 여기에는 물리적 환경, 의제의 관련성, 그룹의 행동 역동 등의 문제가 포함된다.

효과적인 퍼실리테이션에는 회의나 워크숍 진행 그 이상이 필요하다. 팀의 사고를 돕기 위해서는 적시에 적절한 질문도 필요하다. 코칭 스킬은 다른 사람의 생각을 지배하지 않으면서도 대화를 계속 진행하는 듯 보이도록 토론에 참여하는 균형을 찾는 일이다.

사고하는 환경은 다양한 방식으로 작동하지만, 주로 팀이 고려 중인 문제를 중심으로 서로 참여하도록 요구한다. 퍼실리테이션 스킬의 일부는 팀 규모와 사안의 성격에 따라 가장 효과적인 메커니즘을 찾는다.

## 프랙티스

워크숍을 소개할 때, '생각하는 장소 as a place to think'라는 워크숍 개념을 소개한 뒤, 다음과 같은 몇 가지 기본 규칙을 설정하면 유용하다.

- 모든 사람이 말하고 모든 사람이 듣는다.
- 발표자는 자기 생각을 끝낼 수 있어야 한다. 다른 사람의 위에서 이야기하거나 끼어들면 생각을 파괴한다.
- 모든 생각은 학력이나 지위와 상관없이 동등한 가치를 지닌다고 간주한다.
- 다른 관점에 저항하거나 반대하기보다는 다른 관점이 있다는 사실을 축하한다.
- 긴박감을 낮추고 해야할 일 목록을 정리하고 마음을 확장한다.

이는 회의실 안에서의 계약이다. 대화가 토론으로 바뀌거나, 사람들이 의제에서 벗어나거나, 서로 떠들기 시작하면 계약서로 돌아가서 다시 한번 회의실을 사고하는 환경으로 재설정할 수 있다.

다음은 사고 환경을 조성하기 위한 몇 가지 추가로 고려해야 할 사항이다.

1. 방해가 되지 않도록 노력한다. 팀이 생각하도록 장려하고 싶다면 올바른 질문을 던진 다음, 팀에 맡겨야 한다. 퍼실리테이터로서 토론을 주도하거나 지배하는 일은 여러분의 역할이 아니다. 팀 리더라면 이는 매우 어려울 수 있으므로, 적어도 다른 사람들이 모두 발언할 때까지 자기 생각과 의견을

내지 않는 자제력이 필요하다.

2. 구조를 유지한다. 퍼실리테이션 역할은 일반적으로 의제로 표현되는 사고 세션의 구조를 개발해야 한다. 세션이 진행되면서 올바른 행동 규범이 유지되고, 방해와 다른 사람에 대한 발언이 최소화되며, 핵심 아이디어가 기록될 수 있도록 세션 구조를 유지하는 역할을 담당한다.

3. 사고 세션은 팀 회의의 한 항목으로 진행하거나 하루 종일 진행되는 워크숍으로 진행할 수 있다. 누군가가 세션에서 사고 퍼실리테이터 역할을 맡는 일은 중요하다. 반드시 본인이 할 필요는 없다. 공동 작업 경험이 있는 팀에서는 다른 팀원이 이 역할을 맡아 여러 사람이 참여할 수 있도록 한다.

4. 과도하게 보호하지 않는다. 팀이 생각의 진전을 이루지 못하는 듯 보이면, 개입하고 싶은 유혹에 빠질 수 있다. 팀이 문제를 해결해야 할 때 가장 좋은 생각이 떠오르므로 개입하고 싶은 본능을 억제한다. 상황을 바라보는 새로운 방식이 떠오르는 데는 시간이 걸릴 수 있으므로, 인내심을 갖고 아이디어와 옵션을 계속 탐색할 수 있도록 계속 넛지를 넣는다. 때로는 더 극단적인 대안을 고려하도록 도전함으로써, 팀이 쉬운 선택지를 따르지 않도록 유도해야 할 수도 있다.

## 기법 3
## 속도를 높이려면 속도를 늦춰라

### 이 기법은 무엇인가?

이 기법은 곧장 업무 완수에 돌입하고 싶은 충동을 억제하는 대신 개인과 팀이 함께 일할 방법을 계획하고 성공 조건을 확립하는 데 시간을 투자하는 과정이다. 기본 개념은 처음부터 생각하고 계획하는 데 투자하여 팀이 더 나은 의사소통, 신뢰 관계, 실수를 줄이면 목표를 더 빨리 달성할 수 있다는 점이다.

### 왜 유용한가?

팀코칭/리더십 역할의 중요한 요소는 프로젝트 시작 시 팀원들이 함께 시간을 마련하여 향후 발생할 수 있는 문제를 해결하고 이를 완화할 수 있는 조치를 하도록 안내하는 데 있다. 시작할 때 속도를 늦추면 다음과 같은 이점이 있다.

- 팀이 앞으로 직면할 과제와 이를 효과적으로 처리하는 방법에 집중하는 데 도움이 된다.
- 바람직한 행동 규범을 정립할 수 있는 공간을 마련한다.
- 앞으로 나아갈 길을 볼 수 있게 마음을 비우도록 장려한다.
- 팀에 더 큰 명확성과 목적을 부여한다.

적극적으로 속도를 늦추는 기법을 연습하면 프로젝트나 이니셔티브를 진행하라는 승인을 받자마자 바로 실행에 옮기려는 일반적인 경향을 억제하는 데 도움이 된다. 이 기법은 수정이 필요한 작업을 다시 하는 데 낭비되는 시간과 노력을 절약할 수 있을 뿐만 아니라, 팀의 미래 과제를 예측하도록 유도할 수 있다.

또 느리게 생각하면 성격personality과 개인의 동기부여와 관련된 몇 가지 섬세한 문제를 협력적으로 해결할 수 있다. 상호 간의 정신적 필터mental filter(역자 주: 정신적 필터는 우리가 다른 상황을 무시하면서 상황의 특정 측면에 집중하게 만드는 인지적 왜곡)와 인식을 이해하는 팀은 그러한 개인적 속성이 당연시되는 팀보다 응집력과 회복력이 있는 그룹을 형성할 가능성이 더 크다.

## 이론

'계획에 실패하면 실패를 계획하는 것'이라는 다소 거슬리는 말이 있는데, 이 말은 짜증나게도 사실이다. 과거 경험에 따르면 새로운 프로젝트나 이니셔티브에 문제가 생겼을 때, 처음에 조금만 더 신중하게 생각했더라면 나중에 많은 스트레스를 줄일 수 있었을 거라고 한다. 그렇다면 계획과 준비에 더 많은 시간을 할애해야 함을 알면서도 왜 그렇게 하지 않을까?

이러한 현상에는 여러 가지 이유가 있다. 존 맥과이어John McGuire와 밴스 탕Vance Tang(2011)은 현대 생활의 복잡성과 불확실성으로 인해 관리자가 때때로 통제력 상실을 느끼는 상황이 발생한다는 점을 관찰했다. 명확성을 찾기 위해 더 빨리 움직이려다가 오히려 불확실성만 더 키운다는 사실이다. 맥과이어와 탕은 복잡한 문제에는 90%의 탐구와 10%의 의사 결정이 필요하다는 아이디어를 제시했다. 먼저 무슨 일이 일어나고 있는지 파악하는 데 필요한 데이터를 수집한 다음, 생성된 정보가 실제로 무엇을 의미하는지 생각해 보는 시간을 갖는 것이 중요하다.

우리가 많은 경우 계획에 실패하는 또 다른 이유는 생각하기가 때때로 힘든 일이기 때문이다. 다니엘 카네만Daniel Kahneman(2011)은 사람들이 이성적 분석rational analysis(느린 사고)보다 본능적 판단instinctive judgement(빠른 사고)에 의존하는 경향에 관해 기술했다. 그에 따르면 사고thinking는 실제로 많은 에너지가 필요해서, 피곤하거나 압박을 받으면 더 쉬운 인지 메커니즘으로 되돌아간다고 한다. 새로운 문제를 다룰 때 직관에 의존하기의 문제점은 신속한 결정은 가능하지만, 올바른 정보가 아니면 흔히 잘못된 선택을 하게 된다는 점이다.

인간은 모든 일이 어떻게든 잘 풀릴 것이라고 직관적으로 믿는 낙관주의 편향이 있음은 잘 알려진 사실이다. 낙관주의는 그 자체로 훌륭한 자질이지만, 낙관주의 편향은 우리가 내리는 가정에 의문을 제기하는 능력을 차단한다. 우리는 문제와 장애물을 의도적으로 무시하고 계속 일을 진행하여 속도를 더디게 한다. 고려해야 할 추가 정보를 느리게 검토한다. 프로젝트 영역에서 느린 사고는 계획을 세우는 초기 단계에 가장 큰 영향을 미친다.

## 프랙티스

PRINCE2[1] 방법론에서 유래한 문구가 있는데, 이는 0단계Phase Zero라는 프로젝트 단계이다. 이 단계는 팀을 구성하고 프로젝트 계획이 시작되는 프로젝트의 한 부분이다. 1단계가 아닌 0단계인 이유는, 이 단계가 프로젝트의 본격적인 실행과 구현 단계가 아님을 의미하기 때문이다. 0단계의 결과물은 팀이 무엇을 할 것인가 보다는 어떻게 함께 일할 것인가에 관한 것이다.

툴킷 평가 섹션에는 처음에는 혼자서, 그다음에는 팀과 함께 작업할 수 있는 여러 가지 활동이 나와 있다. '차 한 잔 회의cup of tea meeting'(도구 4)와 같은 도구는 이 요점을 잘 설명해준다. 시간을 내어 핵심 팀원들을 만나 프로젝트에 대해 비공식적인 대화를 나누면 조용하고 부담 없는 공간에서 생각할 시간을 가질 수 있다.

느린 단계는 팀의 행동 규범을 형성하고, 팀 내부 프로세스의 일부가 될 다양한 절차와 기타 요소를 마련할 기회이기도 하다. 이 작업의 대부분은 0단계가 끝날 무렵에 워크숍 진행 간에 수행해야 하며, 툴킷의 '설정set-up' 섹션에서 설명하는 여러 요소로 작업할 수 있다.

---

1) PRINCE2PRojects IN Controlled Environments version 2는 "통제된 환경에서의 프로젝트"라는 의미로 구조화된 프로젝트 관리 방법이다. 프로젝트를 관리 및 제어 가능한 단계로 나누어서 결과 중심으로 프로젝트를 수행하게 한다. 영국에서 컴퓨터 프로젝트 관리를 위해 만들어진 PROMPTⅡ를 영국 정부가 모든 형태의 프로젝트에 적용할 수 있도록 발전시켰으며, 영국, 유럽, 호주 등 전 세계에서 널리 사용되고 있다. 프로젝트 관리 방법론 교육 및 인증 프로그램으로 입문자 수준의 PRINCE2 Foundation과 전문가 수준의 PRINCE2 Practitioner가 있다.

## 압박 버티기

프로젝트 후원자에게서 어떤 형태로든 즉각적인 조치를 보여 달라는 압박받을 때가 있다. 후원자에게 계획된 프로젝트 프로세스가 앞으로 어떻게 진행될지 미리 설명하여 이러한 압박을 피해야 한다. 독일에서 온 한 프로젝트 매니저를 만났는데, 그녀는 시간 낭비를 싫어한다고 말했다. 아무 생각 없이 프로젝트에 돌입하면 결국 실수를 저지르게 되고, 되돌아가서 작업을 재시작해야 한다는 게 그녀의 지론이었다. 따라서 그녀는 고객의 긴박감에 부응하라는 압력을 거부하려고 노력했다. 그녀는 팀과 협력하여 될 수 있는 대로 많은 세부 사항을 계획하고, 앞으로의 과제와 해결 방법을 생각하면서, 최대 2주가 걸리는 경우가 많았다. 처음부터 모든 사람이 함께 사고하는 팀으로 일하게 되면, 신뢰와 소통이 더 빨리 발전하고, 팀이 움직이기 시작하면, 더 짧고 생산적인 회의를 하며, 훨씬 더 빠른 결정을 내릴 수 있다고 그녀는 믿는다. 그녀는 팀과 함께 이렇게 계획하는 시간을 가지면 프로젝트가 예정보다 일찍 끝나는 경우가 많다고 말한다.

**기법 4**
# 호기심 질문

## 호기심 질문이란 무엇인가?

팀의 다른 구성원이 말해야 하는 내용을 배우기 위해서는 정한 호기심을 갖고 팀의 다른 구성원에게서 정보를 얻을 수 있도록 하는 마인드셋의 전환이 필요하다.

## 왜 유용한가?

진정으로 호기심을 갖고 질문하면 팀원들이 진짜 생각을 말하도록 장려할 수 있다. 이 프로세스는 상향식 커뮤니케이션을 장려하여 팀 내에서 일어나는 일을 훨씬 더 완벽하게 파악하고 해결해야 할 과제에 대해 더 폭넓은 잠재적 해결책을 제공한다.

## 이론

많은 사회가 효과적인 양방향 커뮤니케이션을 구축하는 데 어려움을 겪는다. 커뮤니케이션 패턴은 일반적으로 권한이 있는 사람이 부하직원에게 지시하는 계층적 모델을 중심으로 구축된다. 서구 조직에 널리 퍼져 있는 명령과 통제 문화는 리더나 관리자가 특정 문제에 대해 조치를 해야 하는 사람보다 더 다양한 지식을 가졌다는 가정assumption에 기반을 둔다. 그러나 복잡한 상황에서는 한 사람이 결정을 내리는 데 필요한 모든 정보를 갖기에는 변수가 너무 많으므로 이러한 가정은 더는 옳지 않다.

호기심 질문의 개념은 자신의 위치에서 잠재적인 약점을 인정해야 한다는 인식에서 출발한다. 즉 부하직원이 나보다 더 많은 정보를 갖고 있을 수 있다. 부하직원보다 자신이 더 적은 정보를 가지고 있을 수 있다는 사실을 인정하면, 오히려 자신이 잠재적으로 더 유리한 위치에 놓이게 된다. 더 많은 정보를 끌어내면 더 나은 결정을 내릴 가능성이 커져서 더 성공적인 결과를 끌어낼 수 있다.

조직 문화가 영웅적 리더의 개념에 기반을 두고 있거나, 기술 지식과 스킬이 경력 발전을 위한 필수 요건으로 여겨지는 회사에서 많은 관리자에게는 어려울 수 있다.

## 프랙티스

자신을 가장 똑똑한 사람으로 여기는 데 익숙해져 있거나 팀원들이 자신을 가장 똑똑한 사람으로 여기는 데 익숙해져 있다면 호기심을 갖기가 어려울 수 있다. 호기심 질문 기술을 사용하려면 자신이 부분적으로 무지하고, 팀 내 다른 사람들이 현재 가지고 있지 않은 관점이나 정보를 가졌다는 초기 자세로 중요한 대화를 시작해야 한다. 에드거 샤인Ed Schein(2013)이 설명한 것처럼, 일시적으로 의존적이고 취약한 상태가 되어야 한다.

이러한 일시적인 종속감은 상대방에게 심리적 안전감을 주는 환경을 만들어서 여러분이 알아야 할 바를 말할 가능성을 높인다. 이는 상대방의 말을 기꺼이 경청하고 있다는 신호를 보내며 상대방에게 힘을 실어준다. 진정한 관심과 호기심을 보여주는 접근 방식으로 질문하면 훨씬 더 강력한 대인 관계를 발전시킬 수 있는 토대를 마련할 수 있다.

예를 들어, 호기심 질문은 '여기서 좀 막막합니다. 정말 답을 모르겠으니, 여러분의 의견을 듣고 싶습니다'로 시작할 수 있다. 어조와 억양에 주의하라. 호기심 어린 질문이 비꼬는 듯 해석되거나 아직 공개되지 않은 다른 의제로 이어질 수 있기 때문이다.

명령과 통제에서 호기심에 찬 질문으로의 전환은 항상 매끄럽지 않다. 팀이 새로운 접근 방식에 적응하는 데 시간이 걸릴 수 있다. 자기 라인의 직원 가운데 누구도 스스로 결정을 내리지 못한다고 걱정하는 데이비드라는 코칭 고객이 있다. 매일 아침 그의 문 앞에는 일상적인 문제를 해결하기 위해 줄이 늘어섰고, 그의 사업을 성장시키는 데 필요한 다른 일을 할 시간이 거의 없었다. 호기심 많은 질문에 대해 약간의 논의 끝에, 그는 자신의 접근 방식을 바꾸는 노력을 하기로 했다. 다음 날 그의 생산 담당 매니저가 해결해야 할 여러 문제를 가지고 그를 찾아왔다. 데이비드는 즉흥적으로 결정을 내리는 평소 습관 대신 '글쎄요. 어떻게 생각하세요?'라고 물었다. 매니저는 완전히 놀란 표정으로 조금 생각하다가 불편하게 비틀거리며 서둘러 자리를 떠났다. 그날 늦게 데이비드의 공동 이사 중 한 명이 와서 그가 생산 시설에서 '좀 이상하게 행동하고 있다'라는 말을 듣고 몸이 안 좋은지 물었다.

나는 마법의 총알은 거의 없다는 점을 예로 들어 설명했다. 당장 성공하지 못하자 데이비드는 예전의 '하고 나서 말하기' 식으로 돌아가고 싶은 충동을 느꼈다. 그러나 그는 라인 관리자가 자신의 사업 부문에 대한 의사 결정에 더 많은 주인의식을 가질 수 없다면 사업에 대한 자신의 야망은 달성하지 못할 수도 있다는 점을 깨달았다. 나는 그가 이 기술을 고수하면서 느리지만 꾸준히 비즈니스가 변화하고 있으며, 문제를 논의하고 의사 결정을 내리는 방식이 훨씬 더 균형 잡혔다고 전해주어 기쁘게 생각한다.

## 기법 5
# 영향력 있는 질문

## 영향력 있는 질문이란 무엇인가?

질문을 통해 팀의 행동 규범에 영향을 미치는 기법이다.

## 왜 유용한가?

한 사람이 다른 사람의 생각을 바꾸도록 강요하는 일은 거의 불가능하다고 여겨진다. 위협이나 설득, 또는 무력을 사용하여, 관찰할 수 있는 행동 변화를 단기간에 달성할 수는 있다. 그러나 생각의 변화 없이는 강제력이 제거되면, 곧 원래의 행동으로 되돌아간다.

따라서 영향력 있는 질문은 상대방이나 팀이 스스로 결론에 도달할 수 있도록 대화를 끌어가는 데 유용한 메커니즘이다.

## 이론

누군가의 행동 변화를 원할 때, 우리는 때때로 냉정하고 딱딱한 상황 논리로 상대방을 설득하려고 한다. 문제는 우리에게 논리적으로 보이는 일이 상대방에게는 단지 정황 증거로만 여겨질 수 있다는 점이다. 우리는 각자의 정신적 필터를 통해 세상을 바라본다. 이러한 필터는 평생 지속해서 우리의 신념과 의견을 형성한다. 필터는 우리가 어떤 정보를 중요하다고 판단하고, 어떤 정보를 무시할 수 있는지를 결정한다. 필터는 우리가 무엇을 믿고, 무엇을 중요하게 여기며, 주변 세계를 어떻게 이해하는지에 영향을 미친다. 따라서 두 사람이 같은 상황을 살펴보더라도, 그 의미에 대해 완전히 다른 결론을 내릴 수 있는 경우가 때때로 있다.

일부 필터는 깊게 고정되어 있어 변경하기가 거의 불가능하다. 다른 필터는 고정된 믿음보다는 습관에 더 가까워서 내재화가 덜하다. 따라서 사람들이 실제로 고려하지 않았던 관점과 문제를 지배하는 필터를 변경하거나 조정하는 일은 가능하다. 코치는 이러한 필터 가운데 일부를 자신의 관점에 더 가깝게 맞출 수 있도록 바꿀 기회가 있다.

다른 사람의 동인에 대해 더 많이 이해할수록 초기 필터를 통과하고, 다른 관점에서 상황을 바라보도록 유도할 수 있는 질문을 찾기가 더 쉬워진다.

## 프랙티스

기법 4에서 설명한 호기심 어린 질문 마인드와 영향력 있는 질문 사이에는 중요한 차이점이 있다. 두 가지 형태의 질문 모두 개방적이고 탐구적인 접근 방식이 필요하지만, 영향력 있는 질문은 응답자를 특정 질문으로 유도한다. 그런데도 영향력 있는 질문은 선행 질문과 구별되어야 한다. '그렇게 하면 문제가 생길 수 있다는 사실을 몰랐나요?'와 같은 식의 유도 질문은 매우 직접적이며 실제로는 한 가지 답변만 이끌어낼 수 있다. 선행 질문은 사람들이 필터를 조정하는 데 도움이 되지 않는다.

이 기술의 핵심은 질문의 표현 방식에 있다. 영향력 있는 질문은 상대방이 선택지와 해결책을 어떻게 표현할 수 있는지를 진정으로 생각하도록 이끌어야 한다. 이는 중요한 요소이므로 언제, 어디서, 어떻게 영향력 있는 질문을 하느냐가 중요하다. 상대방이 생각하기를 원한다면 새로운 생각을 처리할 수 있는 시간과 공간을 확보해 주어야 한다. 영향력 있는 질문은 서두르는 과정이 아니다. 상대방이 문제를 해결해 나가도록 도와주면서, 스스로 갖게 된 독특한 신념이나 편견의 근본 원인을 찾아내고, 이를 표현할 수 있는 방법을 찾도록 도와야 한다.

사고에는 노력이 필요하므로, 시간과 장소 선택이 중요하다. 시끄러운 술집이나 카페는 일반적으로 양쪽 모두 주의 깊게 생각하거나 경청하기에 좋은 장소는 아니다. 행동에 집중해야 하는 긴박한 환경은 피한다. 사색을 위한 공간을 찾기가 훨씬 더 좋다. 그러므로 팀 회의보다 워크숍이 팀원들이 성찰하고 상상력을 발휘하도록 돕는데 훨씬 더 좋다. 팀코치는 또한 환경이 안전하다고 느껴지도록 해야 한다. 조롱이나 기타 위협에 대한 두려움이 있을 때는 마인드셋의 변화를 고려하도록 영향을 주기가 매우 어렵다.

영향력 있는 질문의 예는 다음과 같다.

- 만약 … 이라면 어떻게 될까요?
- 이 문제에 어떻게 접근해야 한다고 생각하시나요?

- 이전에 이 문제를 해결해야 했을 때 어떤 일이 있었나요?
- 그 과정에서 무엇을 배웠나요 …?

질문의 어조와 강조점은 중요하다. 차분하고 중립적인 태도로 질문할 때, 더 큰 영향력을 발휘할 수 있다. 상대방은 내가 상대방의 생각에 진심으로 관심이 있다는 느낌을 받아야 한다.

영향력 있는 질문은 토론을 끌어가는 데에도 효과적이다. 팀에 특정 행동을 취해야 한다고 지시하는 대신, '그래서 저는 행동 X를 채택할 경우, 어떤 잠재적 이점이 있는지 궁금합니다'라는 식으로 질문을 던질 수 있다. 질문할 때, 진정성 있는 어조로 질문을 던지면, 팀이 특정 행동 경로를 선택할 경우, 발생할 수 있는 긍정적인 이점으로 생각을 전환하도록 자극할 수 있다.

결정을 요구하지 않는다는 점에 유의한다. 팀원들에게 왜 좋은 생각인지에 대한 근거를 제시해 달라고 요청했을 뿐이다. 이제 그룹이 아이디어를 만드는 데 있어, 자신의 몫이 있다고 느끼는 곳으로 그룹을 데려왔다면 동의할 가능성이 훨씬 더 커진다.

또 그룹이 구현implementation할 가능성도 훨씬 더 크다.

> 내 옛 스승이었던 지미 제임스Jimmy James는 내게 아이디어 인정과 아이디어 구현 가운데 어느 쪽이 더 중요한지 물어본 적이 있다. 요점은 다른 사람의 머릿속에 아이디어의 씨앗을 심어주고, 그 아이디어가 자라날 수 있도록 해야 한다는 점이었다. 그러면 아이디어에 대한 주인의식이 커질 뿐만 아니라, 여러분의 지지를 받게 되어 성공 가능성이 훨씬 커질 수 있다.

## 기법 6
## 단서를 찾기 위한 듣기

### 이 기법은 무엇인가?

개인이나 그룹의 말을 들을 때 사용할 수 있는 모든 데이터를 수집하는 습관이다.

### 왜 유용한가?

더 많은 정보를 수집할수록 더 나은 결정을 내릴 가능성이 커진다. 그러나 우리는 일반적으로 다른 사람이 말할 때, 우리에게 제공되는 모든 정보를 받아들이는 데는 능숙하지 않다. 많은 사람이 경청을 단순히 다음에 할 말을 생각하는 동안, 잠시 숨을 고르는 정도로 생각하는 일이 현실이다. 이 기법은 상대방이 말하는 내용을 잘 파악하기 위해 더 열심히 노력해야 함을 상기시킨다.

## 이론

팀을 지원하려면 팀 구성원 간 역동 관계에서 어떤 일이 일어나고 있는지 이해해야 한다. 단서를 포착하지 못하면 무엇이 효과가 있고, 무엇이 방해될 수 있는지를 알려주는 신호를 무시할 위험이 있다. 또는 잘못된 가정을 너무 많이 할 수도 있다.

경청은 당연하게 여겨지는 기술이다. 경청은 단순한 듣기라고 생각하기 쉽다. 다른 사람의 말을 단순히 받아들이는 일은 사실상 데이터에 불과할 뿐이다. 데이터를 정보로 전환하려면, 의미 있는 패턴을 찾기 위해 데이터 처리가 필요하다. 특히 서구 사회에서 비즈니스 프랙티스는 점점 더 '듣는' 문화가 아니라 '말하는' 문화가 되어가고 있으며, 다른 사람의 생각과 해석보다는 자신이 말하는 내용에 더 많은 가치를 부여한다. 우리는 경청하는 법을 다시 배워야 한다. 어렸을 때는 주변에서 일어나는 일을 이해하고 배우기 위해 주의 깊게 경청하는 경우가 많았지만, 어른이 되면 의사소통 방정식에서 경청을 잃어버리는 듯 하다.

우리는 귀로만 듣는 게 아니다. 눈도 중요한 역할을 한다. 누군가가 집중하고 열심히 이야기할 때, 그들의 몸은 추가적인 정보를 드러내며, 그 가운데 일부는 실제로 듣고 있는 말과 모순될 수 있다. 보디랭기지는 다양한 방식으로 표현될 수 있다. 사람들이 무의식적으로 손, 팔, 어깨, 얼굴 근육을 사용하는 모습을 살펴보면 단어에 담긴 많은 감정을 찾는 데 도움이 된다.

마찬가지로 말하는 사람의 음성 높낮이와 어조도 추가적인 정보이다. 찾으려고 노력한다면, 많은 추가 데이터를 얻을 수 있다.

## 프랙티스

경청은 수동적인 활동이 아니라 능동적인 활동이라는 인식이 출발점이다. 누군가가 중요한 문제에 대해 자신을 표현할 때는 본능적으로 추측한 의미보다는 실제로 말하는 내용에 집중해야 한다. 이는 질문할 때 특히 중요하다. 기법 5에서의 설명처럼 좋은 질문은 때때로 상대방의 생각을 전환하는 데 도움이 되는 열쇠이다. 그렇지만 질문은 프로세스의 절반에 불과하다. 상대방이 말하면서 생각하도록 이끌어 내려면 앞에 앉아 있는 사람이 자기 말을 듣고 있다는 사실을 알아야 한다.

당신이 온전히 상대방에게 집중하고 있음을 보여주는 가장 좋은 방법은 화자의 얼굴을 제대로 바라보기이다. 깊이 생각할 때 대체로 자기 생각을 설명할 적절한 단어를 찾느라 눈과 얼굴이 한쪽으로 움직일 수 있다. 그러나 우리의 주변 시력은 듣는 사람이 여전히 우리에게 집중하고 있는지, 아니면 한눈을 팔고 있는지, 시계나 휴대폰을 쳐다보고 있는지, 방 안의 다른 움직임에 주의가 산만해져 있는지 알 수 있다.

화자의 눈을 똑바로 응시하면 다소 화자를 당황하게 만들 수 있으므로, 코 앞에서 약 20cm 정도 떨어진 지점을 바라보는 방법을 추천한다. 되도록 움직이지 않으면서 상대방이 자신에게 온전히 집중하고 있음을 알 수 있도록 노력한다. 그룹과 함께 작업할 때도 같은 원칙을 적용하는데, 화자의 말을 듣기 위해 그 방향으로 서기만 하면 된다.

낸시 클라인Nancy Kline은 『생각하는 시간』(1999)이라는 좋은 책에서 코치에게 '경청하는 표정' 연습을 권장한다. 이 표정은 어떤 판단도 내리지 않고 상대방의 요점을 이해하려는 의도를 상대방에게 전달할 수 있는 표정으로, 거울 앞에서 연습해야 한다고 강조한다. 화자는 자신에게 집중하고 있음을 알 수 있는 당신의 표정을 매우 색다르게 느낄 수 있다.

적극적 경청active listening은 일대일 상황뿐만 아니라 팀에도 적용된다. 누군가가 말할 때 여러분이 경청하고 있음을 알게 되면, 상대방은 요점을 말할 가능성이 커진다. 그렇지만 테이블 주위의 다른 사람들이 보내는 신호도 포착해야 한다. 누가 참여하고 있는지, 누가 지지하고 있는지, 누가 말하는 내용에 동요하고 있는가? 팀은 항상 강력하지는 않더라도, 프레즌스를 보여주는 신호를 지속해서 발산한다.

아마도 가장 중요한 점은 끼어들고 싶은 유혹을 피하는 데 있다. 좋은 의도와는 상관없이 누군가가 잠시 멈췄다고 해서 생각을 멈췄다는 의미는 아니다. 다시 참여할 준비가 되었을 때 신호를 보낸다. 좋은 질문은 때때로 새로운 생각의 통로를 열어주므로, 발표자가 계속 생각할 수 있는 공간이 필요할 수 있음을 기억하자. 침묵에 불편함을 느끼지 말자.

## 유일한 단서

여러분이 포착하는 대부분 신호는 사람들의 진짜 생각을 해석하는 데 도움이 되는 단서일 뿐이라는 사실을 주기적으로 상기하는 편이 유용하다. 시간이 지나면 상대방의 마음속을 들여다볼 수 있는 지표를 보여주는 행동 패턴을 알아차리기 시작한다. 중요한 점은 선

불리 결론을 내리지 않는 데 있다. 특정 행동이 팀의 성과에 방해가 된다면 무슨 일이 일어나고 있는지 물어보자. 예를 들어, "X가 발생하면 자주 Y를 하는데, 왜 그럴까요?"라는 식으로 질문을 던져보자. 그런 다음 어떤 단서가 더 드러나는지 경청하고 살펴보자.

## 기법 7
## '애자일' 마인드셋 도입

### '애자일' 마인드셋은 무엇인가?

'애자일' 마인드셋agile mindset은 코치/리더와 팀이 함께 일하는 방식에 대해 다른 관점을 채택하도록 장려한다.

### 왜 유용한가?

'애자일' 마인드셋은 예측할 수 없는 환경에서 일하는 데 따르는 어려움을 유연하게 바라볼 수 있도록 장려한다. '애자일' 마인드셋의 원칙은 특히 팀 행동 과정과 업무 전달에 주의를 기울여야 한다는 점에서 팀코칭의 기본 철학과 매우 잘 들어 맞는다.

## 이론

마인드셋은 모든 인간이 세상을 이해하기 위해 사용하는 사고와 인식 방식이다. '애자일' 마인드셋을 개발하려면 복잡성으로 인해 발생하는 역설적인 도전에 더 빠르게 적응할 수 있도록 '원인과 결과' 사고의 관습을 바꿔야 한다.

'애자일'(Beck et al., 2001)은 속도와 유연성을 장려하기 위해 다양한 맥락에서 널리 사용되는 용어가 되었다. 소프트웨어 업계에서 시작된 이 용어는 관리 기술에서부터 조직 문화에 이르기까지 모든 것을 설명하는 데 사용된다. 그러나 팀코칭 맥락에서 '애자일' 마인드셋은 프로세스와는 상대적으로 관련이 적고 관점과 더 관련이 있다.

복잡한 프로젝트에서 새로운 작업 방식을 정립한 '애자일' 운동의 원류이자 선언문으로 돌아갈 가치가 있다. 이 이야기를 잘 모르겠지만, 애자일 선언문은 2001년 유타주의 한 스키 리조트에서 만난 소프트웨어 엔지니어 그룹이 만들었다.

당시 표준이었던 느리고 번거로운 방법론에 대한 해결책을 찾고 있었다. 생각을 존중하기 위해 다음 박스의 선언문을 복제했다.

## 애자일 선언문

우리는 더 나은 방법을 발견하고 있다.
소프트웨어를 개발하고 다른 사람들이 그렇게 할 수 있도록 돕고 있다.
이 작업을 통해 우리는 가치를 발견한다.

**개인 및 상호작용**
프로세스와 도구

**업무용 소프트웨어**
포괄적인 문서

**고객 협업**
계약 협상

**변화에 대응하기**
계획에 따르기

오른쪽에 있는 항목에도 가치가 있지만 왼쪽에 있는
항목의 가치에 더 많은 무게감을 부여한다.

ⓒ Beck et al., 2001
이 선언문은 어떤 형태로든 자유롭게 복제할 수 있지만,
전체 내용은 본 공지를 통해서만 복제할 수 있다.

선언문 작성자들은 자신들의 혁신적인 개념을 더 넓은 소프트웨어 커뮤니티에 알리기 위한 목적으로 비영리 단체를 결성했다. 이 개념은 이후 소프트웨어 엔지니어 팀의 업무방식에 근본적인 변화를 가져왔다. 랄프 스테이시 Ralph Stacey(2003)는 모든 주요 프로젝트가 이제 질서와 혼돈 사이의 공간에 존재하는 경향이 있다고 말한다. 그는 이러한 환경에서는 주요 이니셔티브를 진행하기 위한 전통적인 메커니즘이 작동할 가능성이 훨씬 낮다고 주장한다. 따라서 지난 5년 동안 '애자일' 개념은 정보 기술 분야를 넘어 프로젝트 관리 및 리더십 사고에 대한 일반적인 논의의 영역으로 확산되었다.

## 프랙티스

소프트웨어 업계에서 일하지 않는다면 애자일 선언문이 팀코칭과 무슨 관련이 있는지 의아해할 수도 있다. '애자일' 마인드셋은 접근 방식과 태도를 설정하는 데 도움이 된다. 코치와 리더의 이중 역할에서 여러분의 스타일은 상자에 명시된 원칙을 미션의 상황에 맞게 조정할 수 있다. '애자일' 접근 방식은 팀코치에게 프로젝트에 참여하는 모든 사람이 과제를 바라보는 방식을 바꾸고 우선순위가 어디에 있어야 하는지 이해하는 네 가지 원칙을 제공한다. 아래에서 각 원칙을 차례로 설명한다.

'프로세스와 도구보다 개인과 상호작용'은 절차에만 집중하기보다 사람들 사이의 사회적 관계에 주의를 기울여야 한다는 원칙을 확립한다.

'포괄적인 문서보다 작동하는 소프트웨어'는 도달하기 위해 선택한 경로가 아니라 결과라는 점을 팀에게 중요하게 상기시켜 준다. 이러한 실용적인 관점은 팀이 복잡한 과제를 해결하도록 돕는 코칭 정신의 기본이다.

'계약 협상을 통한 고객 협업'은 단순히 복잡한 이니셔티브 및 프로젝트와 관련된 거래 행동에 의존하는 경향을 재조정하려는 시도이다(기법 10 - '복잡성 속에서 성숙함 개발' 참조).

'계획에 따라 변화에 대응하기'는 미래를 예측할 수 없으므로 팀은 업무가 진행됨에 따라 이해관계자의 요구 사항에 대해 결과물을 테스트하는 여러 번의 반복 작업을 할 수 있어야 한다는 새로운 원칙을 수립한다.

'애자일' 접근 방식에서 프로세스, 계획 및 문서가 무시되지 않는다는 점을 강조해야 한다. 다만 팀의 초점과 우선순위를 지배하지 않을 뿐이다.

리사 애드킨스Lyssa Adkins(2010)는 '애자일' 리더십에는 코칭과 멘토링이 모두 필요하다고 말한다. 코칭에는 팀이 효과적인 단위로 일할 수 있도록 돕는 활동이 포함된다는 점을 구분한다. 그런 다음 멘토링은 팀이 합의한 방법과 협업 관행에 부합할 수 있도록 개인별로 필요하다. 소프트웨어 산업 외부에 적용되는 '애자일'에 관해 자세히 알아보고 싶다면 인쇄물과 온라인에서 많은 정보를 얻을 수 있다. 리사 애드킨스의 애자일 팀코칭(9장 참조)이 좋은 시작점이 된다.

정보의 출처가 무엇이든 스크럼 사용자 스토리나 스프린트 같은 소프트웨어 엔지니어링 전문 용어에 현혹되지 마라. 애자일 선언문의 원칙에 집중하여 해당 산업/부문/업무에 어떻게 적용할 수 있는지 생각해 보라.

## 기법 8
# 사례 이야기 활용하기

## 이 기법은 무엇인가?

이야기를 사용하여 팀이 미래를 구상하고 현재를 이해하며 과거에서 배우는 데 도움을 주는 기법이다. 대부분 사람은 사례 연구$^{case}$ $^{studies}$라는 개념에 익숙하다. 사례 연구는 일반적으로 사실을 수집하고, 사건을 설명한 다음, 결과를 진술하는 연습이다. 사례 연구에는 대부분 개인의 특성$^{personality}$이 없다. 그러나 사례 이야기는 다르다. 사례 이야기는 인간적인 요소가 이야기의 중심에 있기에 공감을 불러일으킨다.

## 왜 유용한가?

스토리텔링은 수천 년 동안 중요한 메시지를 전달하는 중요한 메커니즘이라는 사실을 알고 있다. 전 세계 어느 곳에서나 인쇄된 글이 존재하기 전, 이야기를 통해 대대로 지식을 전수하던 시절을 떠올릴 수 있다. 이야기는 과거 사건에 대한 단순한 회상부터 상상력을 자극하는 가상 시나리오에 이르기까지 다양한 형태를 띤다. 이야기는 사람들의 관심을 끌고, 흥미를 유발하며 영감을 준다. 또한 특정 행동의 결과를 경고하는 데 사용될 수도 있다. 이야기는 또한 우리가 행동을 취하도록 겁을 주기도 하고 행동을 수정하는 데 도움이 될 수도 있다.

불확실성과 파괴적인 변화가 지속하는 시기에는, 팀 안팎의 사람들과 소통하여 그룹이 앞으로의 여정에 대한 공통된 관점을 가질 수 있도록 하는 데 중요하다. 정보가 넘쳐나는 시대에는 명확하고 기억에 남는 메시지를 만들거나 받을 수 있는 정신적 여유를 찾기가 어려울 수 있다. 정보는 글머리 기호와 그래프 목록으로 압축되어 있지만 의미는 거의 남지 않는다.

이야기는 복잡한 주제를 이해하게 될 뿐만 아니라, 기억에 남는 방식으로 설명하는 가장 효과적인 메커니즘 가운데 하나로 밝혀졌다. 이야기는 의식과 무의식 모두에 말을 걸어 감정을 자극하고 우리를 끌어당긴다. 이야기는 팀의 초기 활동 속도를 늦추고 사고하고 계획하도록 장려하는 데 유용한 메커니즘이다.

## 이론

최근 신경과학의 발전으로 이야기가 효과적인 이유에 대해 어느 정도 밝혀지기 시작했다. 이야기를 들으면 언어 처리를 담당하는 뇌 일부가 활성화하여 의미를 해독한다. 이는 어떤 형태의 새로운 정보를 받아들이기 시작할 때 발생하지만, 이야기를 들을 때 우리의 감정도 함께 자극되어, 더 넓은 범위의 잠재적 반응을 자극한다. 자기 경험과 공감하는 생각에 반응할 때 세로토닌serotonin, 도파민dopamine, 옥시토신oxytocin과 같은 기분 좋은 화학 물질이 생성된다.

이야기는 화자의 입을 통해 직접 들을 때 더 강한 울림을 주는 경향이 있다. 인쇄물, 라디오 또는 텔레비전과 같은 다른 매체도 감정을 전달하는 강력한 매체가 될 수 있지만, 같은 공간에서 누군가의 이야기를 듣는 효과는 강한 유대감을 형성하는 양방향 반응을 일으킨다. 과학자들은 이야기하는 사람의 뇌에서 활성화된 뉴런이 듣는 사람의 뇌에서도 동일한 뉴런을 발화시키는 '거울 뉴런mirror neurons'이라는 신경학적 현상을 발견했다. 우리가 모험을 이야기할 때, 우리의 기억이 자극되어 일어난 일을 묘사할 때, 청중은 무의식적으로 우리의 경험 가운데 일부를 느끼기 시작한다.

## 프랙티스

이야기를 사용하여 팀 행동을 형성하려면, 여러 가지 요소가 필요하다. 첫째, 이야기는 관련성이 있어야 한다. 팀코치로서 여러분의 역할은 하나의 실체로서의 팀과 그 목표와 목적에 초점을 맞추는 일이다. 선택하거나 요청하는 이야기는 이러한 주요 목표를 뒷받침해야 한다. 프로젝트 설정 회의나 팀 회의 중에도 사용할 수 있지만, 모두가 특정 주제나 연습에 집중하고 있을 때 가장 효과적이다.

이야기의 진정성이 클수록, 더 많은 공감을 불러일으킬 수 있다. 다시 한번 강조하지만, 이야기를 꾸몄는지는 아무런 차이가 없다. 사례 연구가 아니다. 이야기의 목적은, 좋음과 나쁨, 옳고 그름, 성공과 실패의 근본적인 메시지를 확립하는 일이다. 이러한 사례 연구를 통해, 다른 사람들이 비슷한 상황에 어떻게 대처했는지를 알게 되면, 어려운 문제가 더 명확해진다. 이야기는 복잡성을 풀어내는 역할도 한다. 인간은 모든 사항을 자세히 설명하지 않아도, 이야기를 중심으로 정보를 채우는 데 매우 능숙하다. 우리는 멈춰 서서, 이러한 변수가 결과에 어떤 영향을 미치는지 이해하려고 노력하지 않고도 설명되는, 상황을 둘러싼 관계의 복잡성을 인식할 수 있다. 이야기는 또한 듣는 사람의 상상력을 사로잡아야 한다. 영웅, 악당 또는 수호자의 캐릭터를 소개하면, 이야기에 공감을 불러일으키는 데 도움이 된다. 이러한 캐릭터에 개성을 부여할 수 있는 배경 정보를 제공하여 청중이 맥락을 찾을 수 있도록 하면 좋다.

## 다른 이야기에 귀 기울이기

팀 역동에 관한 연구의 하나로 누군가를 인터뷰할 때마다, 나는 먼저 기억에 남을 만큼 좋았던 팀 경험이나, 기억에 남을 만큼 나빴던 팀 경험에 관해 이야기해달라고 요청한다. 나는 이 방법이 인터뷰 대상자가 주제에 몰입하도록 하는 데 특히 효과적이라는 사실을 알게 되었다. 또 거의 항상 놀라운 이야기를 만들어내기도 한다. 놀랄 만한 이야기는 아니지만, 거의 불가능에 가까웠던 프로젝트나 상황, 그리고 팀이 어떻게 그 도전을 극복했는지에 대한 이야기가 항상 주를 이룬다. 또는 현실에 안주하여 기회를 낭비한 이야기일 수도 있다. 이러한 이야기는 내게 추가적인 연구 자료를 제공할 뿐만 아니라, 스토리텔러에 대한 어느 정도의 통찰력을 제공한다. 어떤 이야기가 스토리텔러에게 감정을 불러일으키면, 그 사람에게 무엇이 중요한지에 대한 단서가 주어진다. 이야기의 특정 측면을 강조하는 선택은, 특정 선호도 또는 나중에 후속 조치를 할 가치가 있는 관점을 나타낼 수 있다. 이야기는 또한 자신의 취약점을 드러내어, 상대방이 마음을 열도록 유도할 수 있는 좋은 방법이기도 하다.

마지막으로, '좋은 시절'을 회상하는 함정에 빠지지 않도록 주의한다. 과거의 단순했던 시절에 대한 일화는 복잡성에 대한 해답을 찾는 팀에게 별 도움이 되지 않는다. 따라서 이야기를 신중하게 선택한다. 결론은 항상 '그 경험에서 오늘날 우리에게 도움이 될 만한 무엇을 배울 수 있는가?'에 맞춰야 한다(도구 27 참조).

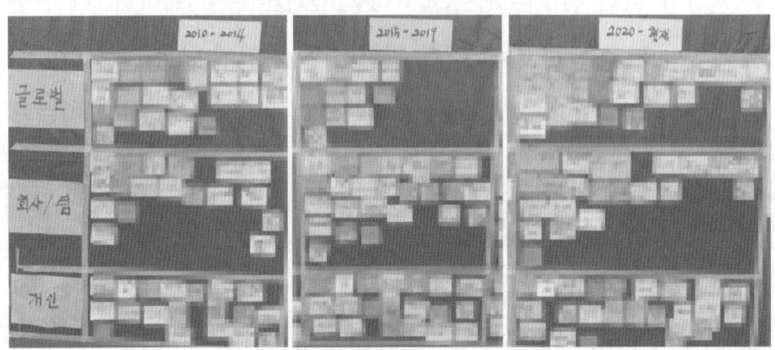

퍼실리테이션 기법 – Historical Scan

## 기법 9
# 시각 정보의 중요성

## 이 기법은 무엇인가?

종이, 플립 차트 또는 화이트보드의 여백을 사용하여 팀의 생각과 아이디어를 체계적으로 표현하는 데 도움이 되는 특별한 즉석 이미지를 만든다.

## 왜 유용한가?

아주 많은 회의에서 보고서와 슬라이드쇼 프레젠테이션을 주요 의사소통 수단으로 사용한다. 이러한 접근 방식은 모든 사람이 문서를 읽고, 논의 중인 문제를 완전히 이해할 수 있을 만큼 모든 요점을 충분히 이해했다고 가정한다. 이 프로세스가 정보 전달에는 효과적일 수 있지만, 어려운 문제에 대한 해답을 찾는 데 필요한 자극을 제공하는 경우는 드물다.

팀 구성원들의 참여를 유도하려면 모두가 볼 수 있는 이미지, 단어, 기호 등을 중심으로 토론을 진행하는 편이 더 효과적일 때가 많다. 플립 차트, 화이트보드 또는 큰 종이를 사용하면 모두가 특정 질문이나 요점에 집중하는 데 도움이 된다.

워크숍과 여러 유형의 '생각하기' 세션에서 깨끗한 벽면 공간은 말하기를 좋아하는 사람뿐만 아니라, 회의실에 있는 모든 사람의 생각과 아이디어를 기록하는 데 필수적인 요소이다.

정보와 아이디어를 명확하게 표현하고 포착하는 데 시각 자료를 사용하면, 여러 가지 이점이 있으며, 이는 다음과 같다.

- **집중 포인트** points of focus – 단일 단어나 이미지 또는 기호를 사용하면, 발표자가 문제의 핵심을 찾는 데 집중할 수 있고, 해당 이슈에 토론을 집중하게 한다. 이렇게 하면 주제를 벗어나 주변 영역으로 이동하는 경향을 방지하는 데 도움이 된다.
- **참여** engagement – 핵심 사항 언급하기는 참여를 장려하고, 발언

내용과 청취 방법을 비판하지 않고 인정해 주는 방식이다.
- **자발성** spontaneity – 아이디어가 떠오르는 대로 기여할 수 있으며, 공식적인 순서를 기다릴 필요가 없다.
- **연결고리 찾기** finding connections – 아이디어가 쌓이고, 연결고리가 만들어질 수 있다. 대화는 비선형적일 수 있으므로, 추가 개발을 위해 창의적인 생각을 메모하여 활용할 수 있다.

## 이론

시각적 이미지는 복잡한 상황을 이해하는 데 도움이 되는 활동 패턴 탐색에 유용하다. 텍스트와 이미지를 결합하면 좌뇌와 우뇌의 모든 생각을 통합하여, 더 강력하고 기억에 남을 만한 결과물을 만들 수 있다. 전문 비주얼 의사소통가인 데이비드 시벳 David Sibbet(2010)은 모든 인간은 그림을 그릴 수 있는 능력이 있다고 믿는다. 다만 대부분 사람이 7~8세가 되면 그림을 그리는 시도를 중단한다고 한다. 우리는 마음속에 있는 이미지를 정확하게 표현할 수 없다는 사실을 깨닫게 되면, 시도를 포기하는 듯하다. 그러나 단순한 이미지가 더 정확하거나 복잡한 그림보다 메시지를 전달하는 데 더 나은 경우가 많다는 점에 주목할 필요가 있다. 예를 들어, 만화는 이미지가 무엇을 하고 있는지 인식하기 위해, 조금 더 고심해야 하므로 우리의 관심을 끌 수 있다.

인간은 눈에 보이는 모든 것을 이해하려고 노력하는 본능이 있으므로, 페이지에 있는 모호한 기호라도 유의미하게 해석할 수 있다. 예를 들어, 단순한 막대 그림은 행복하거나 슬픈 얼굴과 마찬가지로 인간적인 요소를 더할 수 있다. 화살표는 이동 방향을, 상자와 원은 뚜렷한 주제와 아이디어를 위한 영역을 제공한다. 따라서 그래픽의 정확성에 대해 지나치게 걱정할 필요는 없다. 마음은 스스로 부족한 부분을 채울 수 있다. 그래픽 은유 graphic metaphors를 통해 사람들이 상황을 어떻게 이해하는지 설명할 수 있다.

시벳은 또한 사람들이 외부, 심지어 전문가들의 아이디어보다 그룹 내부에서 나온 아이디어를 채택할 가능성이 더 크다는 미묘한 지점을 포착했다. 시벳은 그룹이 자신들의 작업이 기록되고 있음을 볼 때, 그 타당성에 대한 신뢰가 높아지고, 그룹이 만든 차트와 그래픽을 집단 기억 collective memory 으로 사용하게 된다는 사실을 관찰했다.

## 프랙티스

시각적 정보를 사용할 때 분명하지만 때때로 간과하는 실용적인 문제가 있는데, 바로 기록 도구와 기록물을 부착할 공간이 있는지에 대한 확인 여부이다. 그러니 미리 계획하자. 선택의 여지가 있을 때는 플립 차트 또는 벽면 공간이 있는지 확인하자. 나는 공간에 방치되어 있는 마커 펜을 사용할 수 없는 경우가 많음을 배웠고, 이제는 플립 차트 펜 세트와 화이트보드 마커 세트를 따로 가지고 다닌다. 또 플립 차트를 벽이나 다른 표면에 붙일 수 있도록 '흰색 압정'도 한 팩씩 가지고 다닌다(물론 호텔 관리자가 벽을 훼손한다고 눈치를 주지 않는다는 전제하에서).

나는 대략 6명당 플립 차트 한 장의 비율로 작업한다. 이렇게 하면 신속하게 하위 그룹으로 나누고 토론을 진행할 수 있는 이미지를 만들 수 있다. 이제 회의 공간에 관한 질문으로 넘어가 보자. 다시 한번 이야기하지만, 선택의 여지가 있다면, 팀이 일어서서 움직일 수 있을 만큼 넓은 공간을 선택하자.

화이트보드는 훌륭한 발명품이며 클수록 좋다. 여러 요소로 구성된 복잡한 문제를 살펴볼 때는 시작하기 전에 구조를 생각해 보면 도움이 된다. 이는 시각적 프레임워크를 제공하여 팀이 특정한 논리적 순서를 따르지 않고도 때때로 아이디어를 분리하여 작업할 수 있게 한다.

## 캔버스 만들기

나는 대체로 구조나 제목이 정해져 있더라도, 팀의 생각을 담을 수 있는 충분한 공간을 마련하기 위해, 미리 디자인된 A1 또는 A0 크기의 대형 용지를 인쇄하는 방법이 유용하다고 생각한다. 이 용지는 특정 이슈에 대해 많은 생각을 나누고 싶을 때 유용하다(도구 17 - '협업 캔버스' 참조). 캔버스 개념의 확장으로는 드로잉 플로터를 사용하여 공간의 너비를 채울 수 있을 만큼 긴 대형 종이를 사용하여 생성된 모든 정보를 담는 대형 그래픽을 만드는 일이다. 나는 전략적 비전을 다양한 전술적 계획과 활동으로 세분화하여, 한 장에 요약한 훌륭한 사례를 본 적이 있다. 팀 결속력이 매우 필요한 일부 이벤트의 경우, 토론이 전개되는 동안 이미지 구축을 도와줄 시각 전문가를 고용하는 방법도 좋다.

## 결과물

세션이 끝나면, 벽에 엄청난 양의 정보를 게시하여 전체 문제를 파악한 다음, 이를 분석하고 전달할 방법을 결정할 수 있다. 그렇지만 이는 생성된 정보로 실제로 무언가를 할 때만 가치가 있다. 특히 대부분 사람이 휴대폰이나 태블릿 카메라로 쉽게 촬영할 수 있는 요즘에는 시각적 이미지를 쉽게 캡처할 수 있다. 회의가 끝난 후 많은 양의 종이를 집으로 가져갈 필요 없이, 행동 목록을 빠르게 작성하거나 배포할 수 있다.

　위에서 언급했듯이, 팀 회의와 워크숍에서 생성된 메모와 그림은 팀의 공동 기억이 되지만, 팀의 목표를 향한 진전이라고 느낄 때만 가능하다. 예를 들어, 프로젝트 워크숍, 특히 팀이 처음 한자리에 모이는 킥오프 행사를 진행할 때는 이미지를 프로젝트 핸드북(도구 20)으로 바꾼다. 이벤트가 끝나자마자 노트는 텍스트 문서나 슬라이드 자료로 편집하여 다음 날 배포한다.

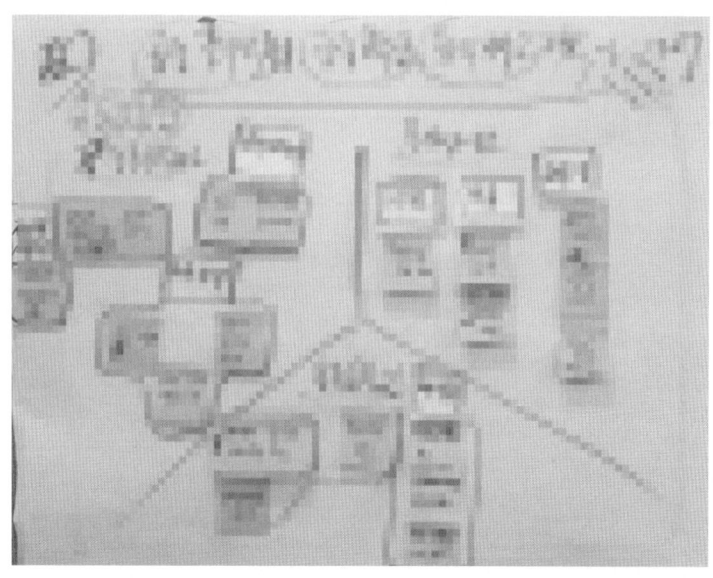

퍼실리테이션 기법 – Y챠트

## 기법 10
## 복잡성 속에서 성숙함 개발

## 이 기법은 무엇인가?

어떤 상황이든 살펴보고 잠재적 결과에 영향을 미칠 수 있는 다양한 변수를 인식한 다음, 지나치게 단순화하지 않고 팀이 의사 결정을 내릴 수 있게 돕는 능력이다.

## 왜 유용한가?

21세기에는 이전 세기의 조건에 비해 조직과 팀이 일해야 하는 환경이 훨씬 안정적이지 않다. 리더와 관리자는 결과가 불확실한 상황에서 결정을 내려야 하지만 적어도 팀을 올바른 방향으로 이끌어야 한다는 점을 편안하게 인식할 수 있어야 한다.

# 이론

복잡성complexity은 지난 10년간의 유행어이다. 남용되어 전문 용어로 취급될 위험에 처해 있지만, 그런데도 중요한 개념이다. 복잡성이라는 주제에 대한 상당량의 학술 문헌과 복잡성이 일으키는 문제를 이해하려는 이론학도 존재한다. 그렇지만 복잡성은 직장생활에서 매우 실용적인 요소이다. 복잡성은 맥락에 따라 달라지므로 일반적인 논의에서 복잡성을 정의하기가 어려울 수 있다. 복잡한 문제와 단순히 복잡한 문제 구분이 출발점이다.

복잡한 문제는 처음에는 해결하기 어렵지만 활동 패턴을 파악하면 답을 찾을 수 있다. 인간은 패턴을 발견하는 데 능숙하다. 우리는 항상 패턴을 찾고, 패턴 인식을 주요 문제 해결 메커니즘으로 사용하는 경향이 있다. 복잡성 문제는 상황이 어떻게 전개될지 머릿속으로 추정하기에는 너무 많은 변수가 작용할 때 발생한다. 전환 대응은 우리가 이해하지 못하는 문제의 측면을 무시함으로써 복잡한 문제를 단순화하려고 시도이다.

대형 상용 여객기 조종과 항공 교통 관제 업무를 비교하는 것이 일반적인 예시이다. 현대식 비행기의 조종석에 앉으면 스위치, 레버, 다이얼이 즐비하여 초보자에게는 당황스러운 옵션이 많다. 각 메커니즘의 기능을 아는 숙련된 조종사에게는 예측할 수 있는 활동 패턴이 있다. 스위치와 레버를 정확한 순서로 조작하면 비행기가 예상한 대로 이착륙한다는 사실을 안다. 상업용 여객기를 조종하기는 그저 복잡할 뿐이다. 대형 공항 허브 주변 상공의 교통량 관리하기와는 대조적으로 복잡하다. 상업용 항공기의 안전한 도착과 출발을 관제하려면 비행기가 전 세계를 여행하는 동안 마주칠 수 있는 기상 조건에 대해 잘 알고 있어야 한다. 대기에 영향을 미치는 요인이 너무 많으므로, 아무리 성능이 뛰어난 컴퓨터라도 특정 지역 날씨가 어떻게 변할지 정확하게 예측할 수 없다. 예보관이 할 수 있는 일은 최선의 예측을 하고 여정이 진행됨에 따라 실시간으로 적응하는 일 뿐이다.

## 프랙티스

복잡한complex 상황에서는 사람과 프로젝트 관리에 대한 다른 접근 방식이 필요하다. 협업적인 팀워크가 복잡한 문제에 대한 더 나은 해답을 제시하리라는 강력한 공감대가 형성되어 있다. 복잡한 상황에서는 어떤 일이 일어날지 정확하게 예측할 수 없으므로 활동이나 프로그램을 계획하는 기존의 접근 방식은 더는 쓸모가 없다. 그 대신 일련의 반복 또는 단계를 진행하면서 각 단계가 끝날 때마다 잠시 멈추고 새로운 정보를 바탕으로 다음 단계에 합의하는 프로세스가 필요하다. 이러한 접근 방식은 영웅적인 개인에 대한 의존도를 낮추고 팀의 관찰, 생각, 아이디어를 끌어내는 데 더 많은 가치를 두는 다른 스타일의 리더십이 필요하다.

장기적인 과제는 복잡성 속에서 자신의 성숙도를 개발하는 일이다. 성숙maturity은 '성인으로서 정신적, 정서적으로 성숙하게 행동하는 자질 또는 상태'로 정의할 수 있다. 성숙은 일반적으로 긍정적인 자질로 여겨진다. 성숙은 지혜와 관련이 있으며 나이가 들면서 향상될 수 있는 비교적 몇 안 되는 특성 가운데 하나다. 그렇지만 60세라고 해서 모두 성숙하지는 않다. 노력해야 한다. 복잡성에서 성숙함과 연관시킬 수 있는 속성은 다음과 같다.

- 어려운 상황에서 감정을 조절하여 이성적으로 사고할 수 있는 능력을 유지하면서 큰 그림을 볼 수 있는 인내심
- 시스템적으로 사고하고 다양한 관점에서 문제를 이해하려고 노력하는 습관
- 자신의 기여를 전체의 일부로 보는 겸손함
- 최근의 경험을 통해 끊임없이 배우고 다른 사람들이 미래에 적응할 수 있도록 돕는 습관

이 목록은 스펙보다는 성숙도에 대한 그림을 그리기 위한 목적으로 완전한 목록은 아니다.

리더/관리자에게 가장 중요한 변화는 자신이 모든 답을 알 수 없고, 알기를 기대해서도 안 된다는 현실을 받아들이는 법을 배우는 데 있다. 팀과의 관계가 상호 의존적이라는 사실을 인정하기, 즉 팀원들이 여러분에게 의존하는 만큼 여러분도 팀원들에게 벤처의 성공을 위해 의존하고 있다는 사실을 인정해야 한다. 복잡한 환경에서는 지휘하고 통제하는 리더의 관계와는 다른 관계를 발전시켜야 한다. 결정을 내리려면 자신의 '직감'을 따르기보다는 더 넓은 팀의 판단을 활용해야 한다. 이러한 상황에서는 일반적으로 직관적인 의사 결정의 기초가 되는 모든 정보/경험이 있지 않을 가능성이 크다. 이는 진정으로 호기심을 불러일으키는 질문 방법을 배우고, 주어진 답변을 경청하는 스킬을 향상하는 기법과 연결된다.

복잡성 속에서 성숙함을 보여주는 예로, 연구 중에 접한, 성공적인 교차 기능 이니셔티브를 제공하는 데 명성이 자자했던 한 경험 많은 관리자의 이야기이다.

그의 팀원 가운데 한 명에게 받은 피드백에 따르면, 그는 이벤트가 계획대로 진행되지 않았을 때 화를 내거나 좌절하지 않는다고 한다.

단순히 문제를 인정하고 문제를 해결하기 위해 무엇을 할 수 있는지에 모든 사람의 관심을 집중시켰다.

프로젝트 초기에 주요 이해관계자를 파악하고, 이들에게 무엇이 정말 중요한지 이해하려고 노력했다.

그는 프로젝트에 대한 지원을 구축하는 데 주의를 기울였고 항상 다른 관리자에게 영향을 미쳐 필요할 때 추가 자원을 제공할 수 있도록 했다.

코치로서 그는 팀원들에게 안정감을 주었고 어떤 문제가 있더라도 함께 해결책을 찾을 수 있다는 자신감을 심어주었다.

# 3부 팀코칭 도구들

다음 페이지에 설명된 도구는 3장에서 설명한 팀코칭 모델을 중심으로 설계되었다. 평가와 설정 도구는 일반적으로 팀의 생애주기 team's life cycle 초기에 사용되며, 다른 도구는 팀이 어느 정도 자리를 잡으면 더 유용하다는 점에서 대체로 아래 다이어그램에 나와 있는 순서를 따른다. 그러나 일부 도구는 모델에서 할당된 위치보다 더 이른 단계 또는 더 늦은 단계에서 작동할 수 있으므로 이 구조에 얽매이지는 않는다.

[그림 2] 팀코칭 모델

도구는 다음과 같이 배열되어 있다.

도구 1~9     팀 환경 평가를 위한 도구
도구 10~20   효과적인 팀 구성을 위한 도구
도구 21~31   커뮤니케이션 향상을 위한 도구
도구 32~38   회복탄력성 구축을 위한 도구
도구 39~45   학습, 혁신 및 개선을 장려하기 위한 도구이 도구는 토론을 촉진하는 구조를 제공하여, 팀의 헌신과 집중을 유도하고 신뢰 수준을 높일 수 있다. 따라서 이 도구는 팀과 더 효과적으로 협업할 수 있도록 다양한 메커니즘을 제공하도록 설계되었다. 그런데도 이러한 도구는 특정 상황의 맥락을 고려하지 않은 골격적인 구조skeletal structures에 불과할 수 있다. 각 도구를 팀의 필요에 맞게 조정하는 방법을 결정하는 일은 여러분 몫이다.

# 4장
# 팀 환경 평가를 위한 도구

[그림 2A] 팀코칭 모델: 환경 진단하기

**도구1** 프로젝트가 복잡성을 갖는가? 또는 단순히 복잡한가?

**도구2** 프로젝트 환경 진단

**도구3** 이해관계자 패러독스 표현하기

**도구4** 차 한 잔 회의

**도구5** 문화 다양성 장려하기

**도구6** 위험한 가정과 믿음의 도약

**도구7** 직무가 아닌 역할

**도구8** 역장 분석

**도구9** 격동기 단계에서 살아남기

## 도구 1

# 프로젝트가 복잡성을 갖는가?
# 또는 단순히 복잡한가?

### 목적

- 팀 그리고/또는 프로젝트 후원자에게 프로젝트의 복잡성 정도를 알린다.
- 협업 필요성에 대한 인식을 높인다.

소요 시간: 15~30분

### 이론

프로젝트 실패의 일반적인 이유는 복잡한 프로젝트에서 작동할 수 있는 기존의 거래적 메커니즘과 행동transactional mechanisms and behaviours

이 복잡한 프로젝트에서도 원하는 결과를 얻을 수 있으리라고 잘못 가정하기 때문이다.

효과적인 팀에 관한 연구는 프로젝트가 복잡해질 때, 팀이 협업적인 작업 방식을 채택해야 할 필요성을 강조한다. '복잡함 complicated'과 '복잡성 complex'의 차이를 정의하는 방법에는 여러 가지가 있지만, 언어의 의미에서 길을 잃지 않기 위해, 아래 [표 4]를 사용하면 문제/프로젝트에 공동 작업 방식이 필요한지를 빠르게 파악할 수 있다.

## 도구

**1단계**. 팀원별로 표를 인쇄한다.

**2단계**. 각 사람에게 프로젝트/문제를 독립적으로 평가하도록 요청한다. 5분 이상 걸리지 않아야 한다.

**3단계**. 플립 차트에 3열 6행의 빈 표를 작성하고 각 구성원에게 프로젝트가 각 기준의 어디에 속한다고 생각하는지 말하도록 요청한다.

**4단계.** 결과를 평가하고 단순함과 복잡함의 실질적인 차이가 프로젝트에 어떤 의미가 있는지 토론을 시작한다.

[표 4] 복잡함 또는 복잡성

| 단순함 simple | 복잡함 complicated | 복잡성 complex |
| --- | --- | --- |
| 우리는 이전에 이 작업을 수행한 적이 있으며, 어떻게 해야 하는지 정확히 알고 있다. | 이전에도 비슷한 일을 해본 적이 있어서 어떻게 해야 할지 어느 정도 알고 있다. | 이전에는 한 번도 해본 적이 없었고, 완전히 새로운 해결책을 찾아야 한다. |
| 주요 이해관계자 한 명과만 협의하면 된다. | 두 명의 주요 이해관계자와 협의해야 한다. | 세 명 이상의 주요 이해관계자와 협의해야 한다. |
| 실시간으로 작업을 완료해야 한다는 압박감이 없다. | 작업을 완료해야 하는 긴급성이 어느 정도 있다. | 비즈니스에서 작업 완료가 매우 중요하며 긴급성이 높다. |
| 이 작업을 수행하는 데 필요한 사람들이 모두 한곳에 모여 있다. | 이 작업을 수행하는 데 필요한 인력은 두 곳의 다른 위치에 있다. | 이 작업을 수행하는 데 필요한 인력은 세 곳 이상의 서로 다른 위치에 있다. |
| 이 작업에는 제한된 전문기술 투입이 필요하다. | 이 작업에는 최대 세 명의 기술 전문가의 의견이 필요하다. | 이 작업에는 최대 네 명 이상의 기술 전문가의 의견이 필요하다, |

## 기타 생각

이 도구의 요점은 복잡함, 복잡성으로 인해 발생하는 문제, 거래적 사고에 의존하는 위험성에 관한 토론을 시작하는 데 있다. '복잡성에서 성숙함 개발'에 관한 기법 10을 읽어보아도 도움이 될 수 있다. [표 4]는 매우 간단한 표이지만, 각 요점은 복잡한 업무에 관한 연구와 관련이 있다. 기술적인 세부 사항에 얽매이지 않도록 주의한다. 이 도구는 어떤 형태의 경험적 평가를 하기보다는 토론을 촉진하기 위해 고안되었다.

### 도구 2
# 프로젝트 환경 진단

## 목적

- 여러분과 여러분의 팀, 프로젝트 후원자가 앞으로의 과제를 명확하고 현실적으로 파악한 상태에서 프로젝트에 참여할 수 있도록 도와준다.
- 프로젝트에 영향을 미칠 더 광범위한 시스템적 문제에 대해 생각할 수 있도록 도와준다.

소요 시간: 60~120분(프로젝트 복잡성 정도에 따라 다름)

## 이론

어떤 프로젝트도 환경과 분리된 채로 존재하지 않는다. 프로젝트의 성공과 실패는 근본적으로 다양한 시스템적 요인이 프로젝트의 성공을 지원하거나 방해하는 정도에 영향을 받는다. 시스템적 요인이란 프로젝트 후원자와 이해관계자가 직접적으로 영향을 미칠 수 있는 환경이다. 이러한 요인은 개인적 동인보다는 조직적 동인에 기반을 둔다는 점에서 시스템적이다. 또 이는 프로젝트마다 다를 수 있으므로 중요한 변수가 무엇인지 파악하기 위해서는 약간의 고민이 필요하다.

프로젝트 매니저/팀 리더가 프로젝트가 시작된 뒤, 프로젝트 후원자에게 팀이 통제할 수 없는 외부 요인 때문에 문제가 발생했다고 주장하는 일은 드문 일이 아니다. 이런 상황에서는 우리의 설명이 변명으로 들리므로 불편한 토론이 될 수 있다. 따라서 어려운 프로젝트 환경의 잠재적 도전에 적극적으로 접근하는 일이 현명하다.

# 도구

**1단계**. 프로젝트 타임라인에서 되도록 빨리 '시스템 검토' 세션을 구성한다. 이 세션에는 후원자와 팀 구성원 몇 명이 참여하는 게 가장 이상적이지만, 두 명 정도만 참여해도 적절하다.

**2단계**. 프로젝트에 영향을 미칠 요인으로 생각하는 주요 시스템 변수를 선택한다. 이러한 변수는 프로젝트의 성격과 관련된 조직의 문화에 따라 달라질 수 있다. 더 일반적인 시스템 변수는 [그림 4]에 나와 있다.

**3단계**. 플립 차트(또는 두 사람만 있는 경우 종이 한 장)에 각 요인을 나타내는 수평선을 그린다. 대화에 집중해야 하므로 요인의 수는 일곱 개를 넘지 않아야 한다.

**4단계**. 참석한 각 사람에게 몇 분간 생각하고 각 요소에 대한 평점을 적어달라고 요청한다.

**5단계**. 각 요소를 차례로 고려하여 각 참여자에게 진단을 요청하고, 관련 연속선상에 답변을 표시하게끔 한다. 이때 자신의 진단도 포함한다.

[그림 4] 프로젝트 환경 진단(Llewellyn, 2015에서 각색)

**6단계.** 점수에서 유의미한 차이가 있는 부분을 파악하고 '어떻게 그 점수에 도달했나요?'라고 질문한다.

참고: "왜 그렇게 생각하세요?"라고 묻지 않는 게 중요하다. 누군가에게 '왜'라고 물으면 특정 입장이나 관점을 방어하게 만들 수 있다. 이 실습은 논쟁에 참여하기보다는 정보를 끌어내기 위한 실습임을 기억하자.

## 기타 의견

시스템 환경에 대한 인식을 높이는 일은 프로젝트 팀이 작업할 기반을 안정화하는 과정에 비유할 수 있다. 기초가 튼튼할수록 팀은 더 빨리 안정적으로 협력할 기반을 찾을 수 있다. 지면이 무르거나 고르지 않으면, 나중에 팀에 문제가 발생할 가능성이 크다. 프로젝트 리더는 '눈을 크게 뜨고' 프로젝트에 참여해야 한다. 환경 요인 가운데 일부에 문제가 있어 보인다면, 자신과 팀에 이를 인식시켜야 한다. 모든 일이 잘될 거라고 가정하는 일반적인 인지 오류를 범하지 말자.

## 도구 3
# 이해관계자 패러독스 표현하기

## 목적

- 패러독스적인 요구를 논의할 수 있는 메커니즘을 제공한다.
- 팀이 이해관계자의 '요구'와 '필요'를 이해하도록 돕는다.
- 후원자가 우선순위를 명확히 할 수 있도록 지원한다.

소요 시간: 60~90분

## 이론

복잡한 프로젝트를 관리하려면 거의 정의에 가깝게 패러독스$^{paradox}$

문제를 관리해야 하는 필요성이 뒤따른다. 패러독스는 문자 그대로 받아들이면 구현할 수 없는 이중적인 제안을 할 때 발생한다. 패러독스는 프로젝트 환경이 어떤 형태의 절충이 필요한 일련의 경쟁적인 힘을 만들어내므로 자주 발생한다. 이 작업은 각 이해관계자와 팀 참여자가 프로젝트에서 달성하기를 기대하는 점과 관련하여 자신 안에 있는 모순과 불일치를 식별하고 모든 사람이 이를 인식하도록 돕는다. 모순되는 요구사항에 직면했을 때 팀원들의 가장 일반적인 반응은 안전하고 위험이 낮은 위치로 이동하게 된다. 그 결과 팀의 목표와 생산성 저하라는 현실이 불일치하게 된다.

이해관계자와 팀원 모두 이러한 패러독스에 내재한 위험을 인식하고 어느 정도의 타협을 받아들여야 한다. 프로젝트 환경에서 발생하는 패러독스를 인정하지 않는다면 팀 리더는 미래의 문제에 스스로 노출된다. 때로는 스폰서가 프로젝트에서 실제로 필요로 하는 기능과 '있으면 좋은' 기능을 구분하는 데 도움을 줄 수도 있다. 그렇지만 패러독스는 여러 이해관계자 그룹의 상반된 요구로 발생하는 경우가 더 많다. 패러독스를 관리하려면 흑백은 거의 없고 다양한 회색 음영이 존재 할 뿐이라는 사실을 인정해야 한다. 그런데도 하나의 행동 방침을 찾아야 한다.

## 도구

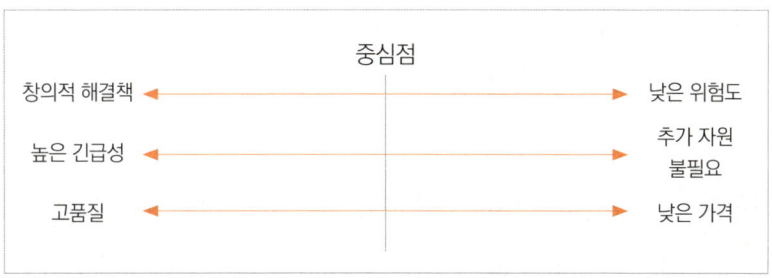

[그림 5] 일반적인 프로젝트 패러독스의 예(Llewellyn, 2015에서 각색)

**1단계.** 후원자나 이해관계자의 모순적인 요구가 있는지 혼자서 또는 더 넓은 팀과 함께 파악한다.

**2단계.** 이러한 문제에 집중할 수 있는 회의를 준비한다. 이 프로세스는 회의 또는 워크숍 일부로 사용할 수 있지만, 패러독스가 여러 개 있는 경우 단일 이슈 회의를 개최하여 모든 사람이 집중할 수 있게 하면 좋다.

**3단계.** 플립 차트나 화이트보드에 각 패러독스에 대한 연속체를 그려 세션을 시작하고, [그림 5]와 같이 양쪽 끝에 대조되는 목표를 설정한다.

**4단계**. 두 가지 목표를 달성하기 위한 실질적인 장벽을 설명하면서 자신의 관점에서 바라본 패러독스를 설명한다. 설명을 명확히 하기 위해 질문을 받을 수 있지만, 이 단계에서 논쟁을 벌이거나 세부 사항으로 빠져드는 점은 피하라.

**5단계**. 스폰서/이해관계자에게 우선순위를 두어야 한다고 생각하는 부분을 연속선상에 표시하도록 요청하고 그 이유를 설명한다.

**6단계**. 이제 한 목표를 다른 목표보다 더 강조할 때 발생할 수 있는 결과와 우선순위를 설정하는 방법에 관해 토론할 수 있다.

## 기타 생각

이 연습은 대화를 촉진하기 위해 연속체를 사용한다는 점에서 프로젝트 환경을 평가하는 과정과 유사하다. 그러나 각 패러독스 내에서 다양한 이해관계자의 우선순위가 어디에 있는지 매핑하는 일이 목적이라는 점에서 다르다. 또 잠재적으로 더 많은 이해관계자 그룹에 다양한 질문을 던져야 한다.

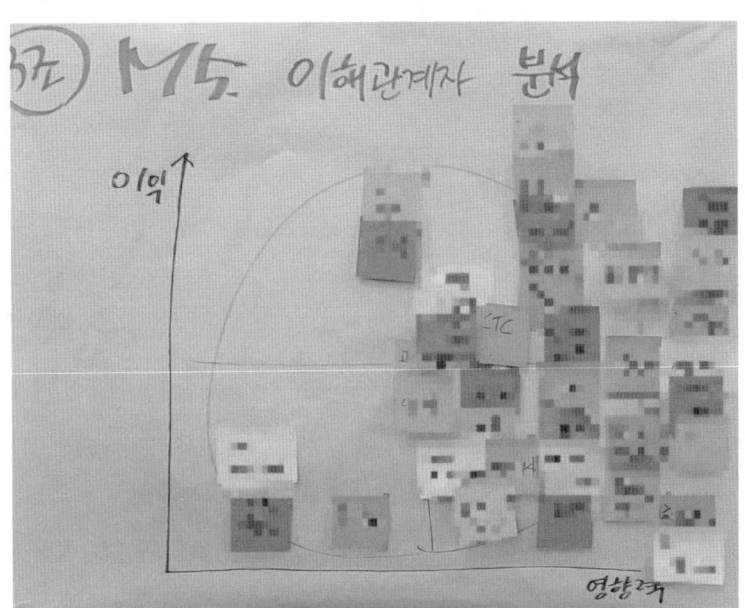

'이해관계자 분석' 도구 적용 사례

도구 3. 이해관계자 패러독스 표현하기

## 도구 4
## 차 한 잔 회의

### 목적

- 프로젝트를 시작하기 전에 다른 팀원들과 대화를 시작하기 위해 한다.
- 다른 팀원들의 개인적, 직업적 동기를 발견하기 위해 한다.

소요 시간: 90~120분

### 이론

대부분 모든 프로젝트 리더십 팀은 새 프로젝트의 기술과 운영 과제에 착수하는 경향이 강하다. 그러나 연구 결과에 따르면, 프로젝트 시작 단계에서 프로젝트 수행에 도움을 줄 사람들을 자세히 알아보는 데 시간을 투자하는 일은 엄청난 가치가 있다. 예를 들어, 페리Perry, 카니Karney, 스펜서Spencer(2012)의 연구에서는 사관학교에서 공부하는 장교들로 구성된 26개 팀을 대상으로 1년 동안 얼마나 효과적으로 협력할 수 있었는지 기록했다. 이 연구에서는 처음부터 목표를 세우고 개인적인 경험을 공유하는 데 시간을 할애한 팀이 내부 그룹 프로세스로 바로 넘어간 팀보다 더 높은 성과를 나타냈다.

'차 한 잔 회의'의 이면에는 의도적으로 기술적이지 않은 비공식적인 토론을 유도하는 대신, 새로운 팀을 '틱tick'하게 만드는 요인을 이해하는 데 집중할 수 있다는 생각이 숨어 있다. 이 회의는 신뢰 구축 프로세스의 시작이다. 모든 사람이 기여할 수 있도록 하면서도, 회의가 편안하고 시스템적이지 않은 느낌을 주어야 하는 과제가 있다.

## 도구

**1단계.** 새 프로젝트의 핵심 팀을 파악하는 즉시, 편안한 장소에서

'차 한 잔'(또는 원하는 음료)을 마시며 만나자고 초대한다.

**2단계.** 모일 때 이 모임은 단순히 서로를 좀 더 잘 알기 위한 비공식적인 모임이라는 점을 분명히 한다.

**3단계.** 모두가 자리를 잡으면, 그룹에 속한 각 사람에게 "새 프로젝트에 대해 어떻게 생각하세요?"라고 질문한다. 이 질문은 단순히 예열을 위한 질문이므로, 토론이 기술적인 문제에 대한 논쟁으로 이어지지 않도록 한다. 모든 사람에게 말할 기회가 주어지도록 한다.

**4단계.** "프로젝트에 대한 기대와 우려는 무엇인가요?"라는 핵심 질문을 던진다. 이 질문을 통해 각자가 불편해할 수 있는 영역으로 너무 깊이 들어가지 않고도 개인 정보를 일부 공개하도록 유도할 수 있다.

**5단계.** 마지막으로 프로젝트가 성공하면, 개인적으로나 직업적으로 무엇을 얻고 싶은지 각 사람에게 물어본다.

**6단계.** 공식 킥오프 워크숍formal kick-off workshop을 구성하는 데 사용할 수 있는 몇 가지 주요 정보를 요약하여 회의를 마무리한다.

## 기타 생각

선택하는 환경이 중요하다. 모든 사람의 목소리는 단어뿐만 아니라 추가 정보를 제공하는 높낮이와 톤의 뉘앙스까지 모두 잘 들릴 수 있어야 한다. 외부 소음이 많거나 방해가 되는 장소를 피하는 것이 좋다. 따라서 술집이나 시끄러운 식당에서는 회의를 개최하지 않으면 좋다.

## 감사의 글

이 도구에 대한 감사함credit을, 어려운 프로젝트를 이끄는 데 영감을 준 Canaway Fleming Architects의 닉 플레밍Nick Fleming에게 돌린다.

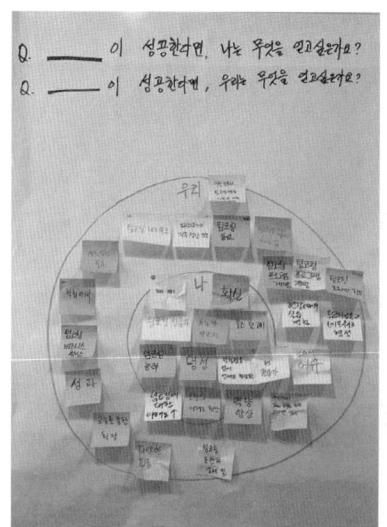 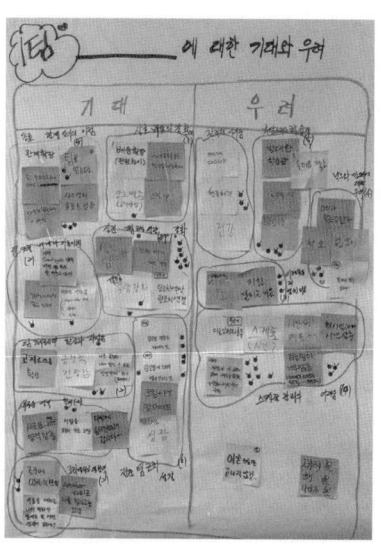

'차 한잔 회의' 도구 적용 사례

**도구 5**
# 문화 다양성 장려하기

## 목적

- 다양한 배경과 문화를 가진 팀 내에서 발생하는 문제를 인식한다.
- 다양성 또는 다문화 팀의 참여와 친숙도를 높인다.

소요 시간: 60~120분(팀 규모에 따라 다름)

## 이론

문화적 다양성은 프로젝트나 이니셔티브에 참여하는 팀에서 점점 더 일반적인 특징이 되고 있다. 오늘날의 글로벌 도시에는 전 세계에서 온 다양한 사람들이 모여들어 인재 풀이 넓어지고 있다. 다문화 팀 리더의 과제는 새로운 그룹을 효과적인 팀으로 만드는 일이다.

연구에 따르면, 다양한 국적, 연령, 성별의 사람들로 구성된 이질적인 팀이 비슷한 배경을 가진 사람들로 구성된 동질적인 팀보다 궁극적으로 생산성이 더 높은 경향을 보인다고 한다. 동질적인 팀은 단기간에 빠르게 전달 모드$_{delivery\ mode}$로 전환할 수 있는 장점이 있다. 그러나 '집단 사고$_{groupthink}$'(Janis, 1972)에 빠지기 쉽고, 창의적인 도전에 취약하다. 이질적인 팀은 흔히 더 창의적이고, 문제해결에 능숙하다. 그러나 효과적인 팀이 되는 데 필요한 행동 규범과 의사소통 시스템을 구축하는 데 시간이 더 오래 걸리는 경우가 많다.

팀이 극복해야 할 장애물 가운데 하나는 각 팀 구성원이 다른 팀 구성원에게 가진 문화적 고정관념에 기초한 의견과 추정을 빠르게 넘어서는 데 있다. 이 도구는 팀원 간의 대화를 자극하여 개인 간 신뢰 형성을 방해하는 선입견과 문화적 편견에 관한 대화를 장려하기 위해 설계되었다.

## 도구

**1단계**. 팀에 잠재적으로 존재할 수 있는 문화적 고정관념을 파악한다.

**2단계**. 문제가 될 수도 있고, 아닐 수도 있는 범위를 이해하기 위해 몇몇 팀 구성원들과 의견을 나눈다.

**3단계**. '소통' 이벤트를 설정한다. 워크숍이나 다른 회의가 될 수도 있다. 연구에서는 다양성/다문화 팀을 선호하지만, 이는 소통의 차이를 극복하고 응집력 있는 단위로 일하는 방법을 배웠을 때만 가능함을 설명하자.

**4단계**. 각 팀 구성원에게 다른 나라에서 관찰할 수 있는 문화적 고정관념에 대해 생각해 보도록 요청한다. 긍정적 속성과 부정적 속성을 모두 찾아내는 게 중요하다. 플립 차트나 화이트보드에 T자 모양으로 작성하는 것이 가장 이상적이다. 비슷한 문화권이나 하위 문화권의 사람들을 한 그룹으로 묶을 수도 있다.

**5단계**. 기본 규칙을 정한다. 이 실습은 가벼운 마음으로 진행해야 한다는 점을 분명히 하고, 팀이 사회 문화적 논쟁에 지나치게 몰두하는 징후가 있는지 주의 깊게 살펴야 한다.

**6단계.** 각 국적/하위 문화권별로 2분 동안 자기 생각을 설명한다. 다른 팀원들에게 5분의 시간을 주어 각 목록에 추가하거나 댓글을 달 수 있도록 한다.

**7단계.** 팀원들에게 각 문화가 팀에 가져다줄 이점에 관해 토론하도록 요청한다.

**8단계.** 팀원들에게 다양한 문화가 존재할 때 어떤 어려움이 있는지 토론하도록 요청한다.

**9단계.** 팀원들에게 테이블에 있는 다양한 스킬을 최대한 활용하기 위해 이제 어떤 조치를 해야 하는지 논의하도록 요청한다.

**10단계.** 결과물을 기록하고 팀 통합 매뉴얼(도구 20)에 저장한다.

## 기타 생각

서로 다른 부서의 사람들로 구성된 내부 팀에서도 동일한 방법론을 적용할 수 있는데, 이 경우 서로 다른 하위문화가 존재한다고 인식할 수 있다. 이 현상에 대해 더 자세히 알아보고 싶다면 크리스토퍼

얼리Christopher Earley와 일레인 모사코브스키Elaine Mosakowski의 「하이브리드 팀 문화 만들기」(2000)라는 논문을 참조하라.

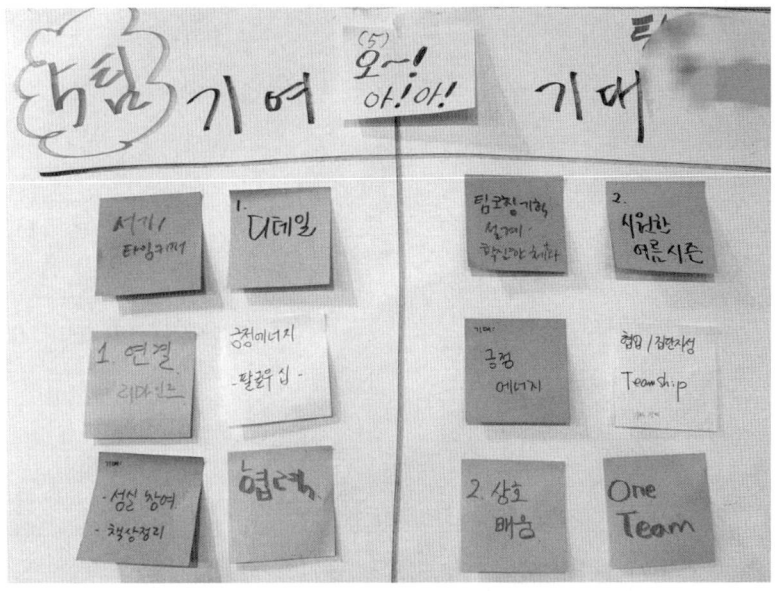

퍼실리테이션 기법 – T차트 적용 사례

도구 6
# 위험한 가정과 믿음의 도약

## 목적

- 모든 기초를 다 갖추지 않고 무리하게 추진하지 않는지 점검한다.
- 낙관주의의 함정을 경계하기 위한 간단한 프로세스이다.

소요 시간: 15~30분

## 이론

흔히 가정assumptions은 모든 위대한 실수의 어머니이자 아버지라고 한다! 인간은 자신이 맡은 대부분 프로젝트가 어떻게 진행될지에 대해 낙관적인 견해를 갖는 경향이 있다. 전반적으로 이는 긍정적인 특성이다. 우리가 모두 비관주의자라면 도전적이거나 위험한 일은 시도하지 않을 수 있다. 그러나 우리는 이해하지 못하거나 통제할 수 없다고 느끼는 주변적이거나 복잡한 문제를 무시하는 경향이 강하다.

우리는 여러 가지 이유로 가정을 한다. 때론 경험 부족이나 순진함에서 비롯되는 경우가 많다. 또 가정은 문제에 대해 충분히 숙고하지 않고 과거의 경험을 바탕으로 본능적으로 결정을 내리는 빠른 사고, 즉 무의식적 사고의 좋은 예가 될 수 있다.

프로젝트나 이니셔티브를 시작할 때는 알려지지 않은 요소가 많으므로 여러 가지 가정을 바탕으로 진행해야 하는 경우가 많다. 특히 프로젝트에 참여할 사람들의 상호작용과 관련하여 어떤 가정을 하는지 되도록 명확히 하기가 과제이다.

가장 위험한 가정은 통계적 확실성보다는 희망에 기반을 둔 전략인 '믿음의 도약 leap of faith'이다. 이러한 가정을 뒷받침할 증거가 없는데도 원하는 결과가 거의 확실하다는 집단적, 때론 암묵적 신념을 말한다.

## 도구

초기 계획 세션의 일부로 팀에 시간적 여유에 따라 다음 질문 가운데 하나 이상을 고려하도록 요청한다.

- 이 프로젝트가 진행되려면 무엇이 제대로 진행되어야 하나요? (참고: 이 질문은 무엇이 잘못될 수 있는지와는 매우 다른 질문이다.)
- 고객/후원자에 대해 어떤 가정을 하고 있나요?
- 주요 이해관계자에 대해 어떤 가정을 하고 있나요?
- 팀으로 일할 수 있는 능력에 대해 어떤 가정을 하고 있나요?
- 우리는 회복탄력성에 대해 어떤 가정을 하고 있으며, 압박을 받을 때 어떻게 일할 건가요?
- 여기서 '믿음의 도약'을 하는 건가요?

## 기타 생각

팀과 함께 일할 때 얻을 수 있는 이점 가운데 하나는 문제를 바라보는 사고의 폭이 넓어져 문제 해결을 위한 인지 능력의 풀이 확장된다는 점이다. 그러나 팀원들이 합의된 지지를 받는 듯 보이는 아이디어에 도전하기를 불편해하는 '집단 사고groupthink' 경향도 있다. 이는 비슷한 배경을 가진 사람들로 구성된 동질적인 팀에서 특히 문제가 되는 경우가 많다. 따라서 이 도구는 다양한 관점을 수용함으로써 가정과 도약의 이점을 얻을 수 있는 연습이다. 도구 30에 설명된 '여분의 의자'를 사용하여 회의실에 없는 사람들의 가능한 견해와 가정을 끌어내 보라.

지나치게 낙관적인 경향은 특히 팀이 프로젝트 진행을 원할 때 매우 강력하다. 실적이 저조한 프로젝트에서 일하는 일은 실망스럽고 보람 없는 경험이라는 점을 기억할 필요가 있다. 따라서 위의 현실 점검을 통해 더 신중한 접근이 필요하다는 정보가 나오면 이니셔티브를 뒤로 미루거나 늦추면 좋다.

## 도구 7
## 직무가 아닌 역할

### 목적

- 역할은 직무와 구별된다는 개념을 확립한다.
- 팀에 유연성을 구축한다.
- 누가 어떤 행동과 결과에 대해 책임지는지 명확하게 파악한다.

소요 시간: 60분

### 이론

팀이 명확한 역할과 책임을 져야 한다고 쓰인 글이 많다. 실제로 사람들은 자기 업무라고 생각하는 일에 집중하고, 직무 범위 내에서 기여한다고 접근하는 경향이 있다.

프로젝트나 이니셔티브를 수행하기 위해 구성된 팀의 경우, 일반적인 직무 설명을 벗어난 다양한 작업을 수행해야 하는 프로젝트가 많으므로 직무만으로는 충분하지 않을 수 있다.

역할은 모든 개인이 하나 이상의 역할을 할 수 있다는 점에서 직무와 다르다. 예를 들어, 어떤 사람은 기술 전문가 역할도 하지만, 프로젝트에 따라 홍보대사(도구 31 참조), 메모 작성자, 사회 활동 담당자(역자 주: 개인 또는 조직의 사회 활동을 주선하는 사람), 재무 그룹과의 연락 담당자, 팀 동료 또는 기타 프로젝트 수행에 필요한 모든 역할이 필요할 수 있다.

직무가 아닌 역할의 정말 유용한 측면 가운데 하나는 역할을 서로 바꿀 수 있다는 점이다. 즉 상황에 따라 새로운 역할을 맡을 수도 있고, 기존 역할을 다른 사람에게 넘길 수도 있다. 이러한 역할 가운데 일부는 특정 개인이 아무런 논의 없이 수행한다는 점에서 비공식적이다. 다른 경우에는 역할, 해당 역할에서 기대되는 결과와 그에 따른 책임에 대한 서면 설명과 함께 명확한 식별이 필요하다.

프로젝트가 진행됨에 따라 이러한 다양한 역할 필요성은 변화할 수 있으며, 일부 역할은 더는 필요하지 않거나 새로운 역할 필요성이 나타날 수 있다. 역할이 반드시 특정 직무 설명에 묶여 있지 않다는 사실에 익숙해지면, 팀은 변화하는 상황에 적응하는 데 필요한 유연성을 쌓을 수 있다.

## 도구

**1단계.** 먼저 프로젝트에서 자신의 개인적인 역할을 살펴보고, 각 역할이 어떻게 잠재적으로 구분되는지 명확하게 설명할 수 있어야 한다.

**2단계.** 팀에 '직무가 아닌 역할'이라는 개념을 소개한다.

**3단계.** 팀원 각자에게 몇 분 동안 스스로 생각하고, 현재 저마다 다른 역할이 무엇인지 생각해 보도록 요청한다. 자신의 역할을 예로 들어도 좋고, 여러 역할이 더 분명한 가정생활의 사례를 사용하면 유용할 수 있다.

**4단계.** 팀원들에게 현재 프로젝트에서 필요한 다양한 역할에 대해 생각해 보고, 플립 차트에 나열해 보라고 요청한다.

**5단계.** 아직 할당되지 않은 역할이 있으면 자원자를 선택하거나 요청한다.

**6단계.** 이제 프로젝트를 시작하기 위해 몇 가지 작업을 수행해야 한다.

- 각 역할과 관련된 활동/책임
- 해당 역할에서 기대할 수 있는 결과
- 역할에 따른 책임

이 작업은 역할 설명이 발전하는 반복적인 프로세스이므로, 첫 번째 단계에서는 각 역할에 대해 15분 이내의 간략한 평가가 이루어져야 한다.

**7단계.** 팀에게 역할 설명을 바꿔보도록 요청하여, 개선할 수 있는지 또는 조정이 필요한지 확인한다. 시간이 있다면 이 과정을 몇 번 반복할 가치가 있다.

## 기타 생각

역할 설명과 해당 역할에 대한 합의된 책임이 있으면, 누가 원하는 결과를 달성하리라 기대되는지에 관해 훨씬 더 명확하게 대화할 수 있다. 이렇게 하면 사람들에게 약속한 기여에 대한 책임을 묻기가 훨씬 쉬워진다.

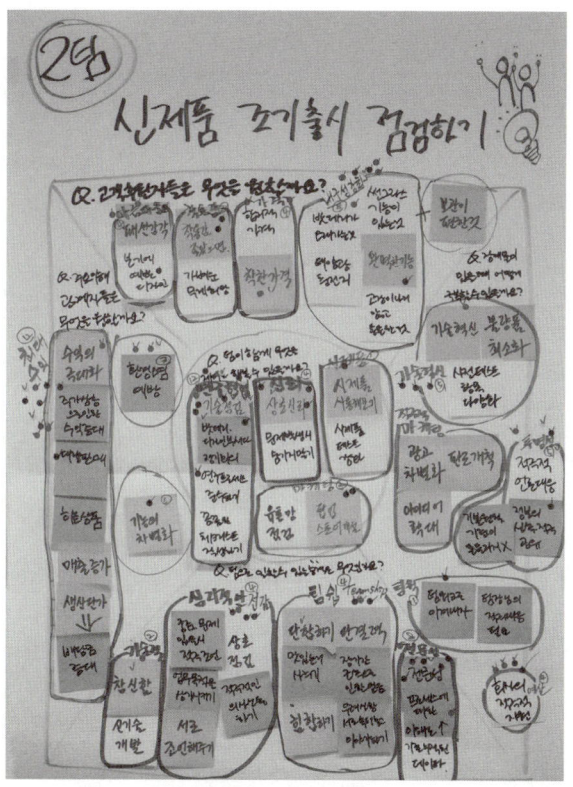

'직무가 아닌 역할' 적용 사례

## 도구 8
## 역장 분석

### 목적

- 의사 결정과 문제를 해결한다.
- 특정 결과에 영향을 미칠 수 있는 다양한 문제를 식별하고 평가하는 메커니즘을 이해한다.

소요 시간: 60~90분

### 이론

겉보기에 복잡한 문제나 이슈를 해결하려는 토론은 세부적으로 들어가면 금방 수렁에 빠질 수 있다. 1951년 커트 레빈Kurt Lewin은 '역장 분석force field analysis'(Lewin, 1951)이라는 개념을 개발했으며, 이 개념은 현재 경영 분야에서 널리 사용되고 있다. 역장 분석은 문제를 둘러싼 다양한 이슈를 목표나 목적을 향한 움직임을 지원하는 '동인drivers'과 움직임을 방해하는 '저항resistors' 또는 '방해blockers'로 구분하는 방식으로 진행된다.

이 도구는 레빈의 개념을 내가 변형한 것으로, 문제를 시각적으로 보여준 다음 잠재적 중요도에 따라 점수를 매기거나 가중치를 부여했다. 가) 약한 추진력의 강도를 높이거나, 나) 강한 저항력의 강도를 낮출 수 있는 일련의 행동에 합의하면서 진전을 이뤄나간다.

하나의 다이어그램에 모든 힘이나 요인을 보게 하는 기능 덕분에, 서로 다른 이슈의 상대적 강점을 시각적으로 표현하는 메커니즘을 제공하여 토론 집중에 도움이 된다. 이는 흔히 의사 결정 프로세스의 속도를 높일 수 있다.

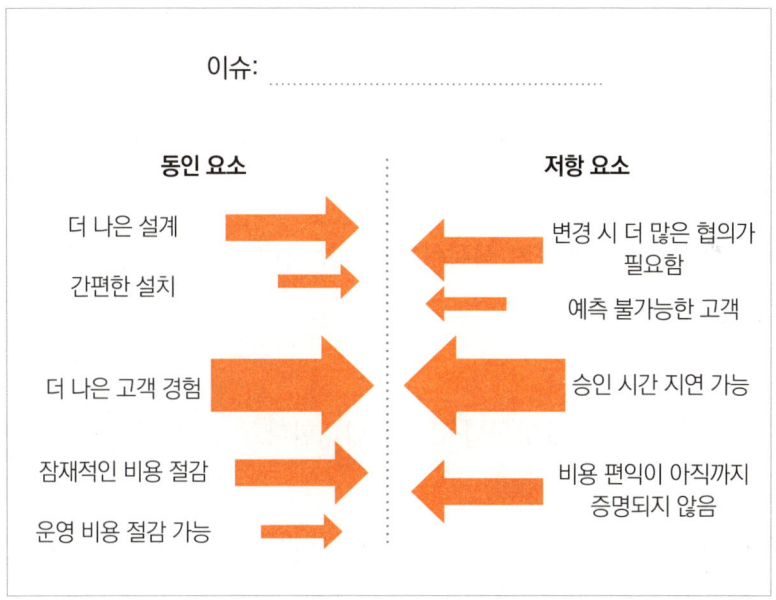

[그림 6] 역장 분석의 예

# 도구

**1단계**. 해결해야 할 문제를 식별한다.

**2단계**. 위 다이어그램과 같이 플립 차트를 설정하여 다양한 요소를 화살표로 표시한다.

**3단계**. 원하는 결과를 향해 나아가는 동인을 파악한다.

**4단계**. 결정을 실행하기 어렵게 만드는 저항 요인을 식별한다.

**5단계**. 각 팀원에게 각 항목에 1~10점 사이의 점수를 할당하도록 요청한다.

**6단계**. 토론을 통해 항목별 점수를 합의한다.

**7단계**. '동인의 강도를 높이기 위해 무엇을 할 수 있을까요?'라고 질문한다.

**8단계**. '저항 요인을 약화하기 위해 우리가 할 수 있는 일은 무엇이 있을까요?'라는 질문을 던진다.

**9단계**. 실행 계획에 동의하고 시행한다.

## 기타 생각

역장 분석은 또한 결정이나 해결책에 영향을 미칠 수 있는 불명확한 요인을 도출하는 데 유용한 방법이다. 따라서 분석에는 상황에 영향을 미치지만, 대부분 눈에 보이지 않는 시스템적인 힘에 대한 인식이 포함되어야 한다([도구 2] 참조). 프로젝트 진행에 대한 지나친 낙관주의나, 결정에 따른 잠재적 결과에 대한 두려움 등 팀의 정서적emotional 동인을 파악하는 데도 유용할 수 있다.

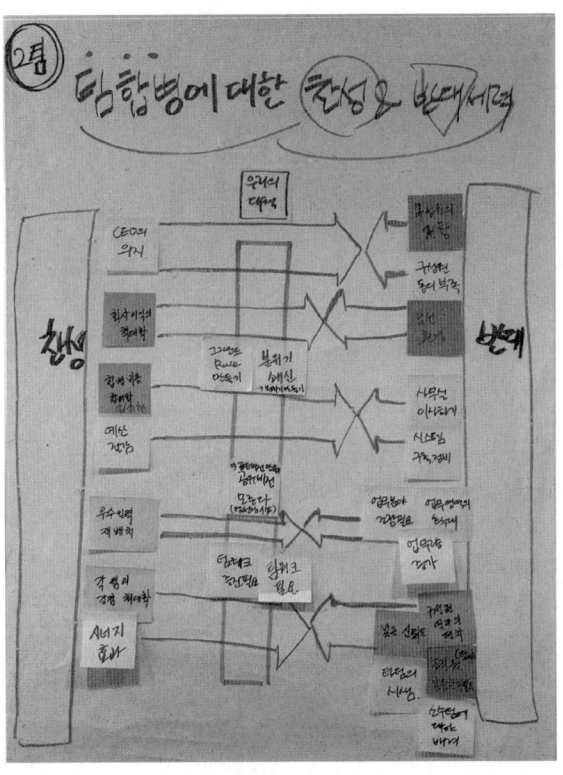

'역장 분석' 도구 적용 사례

## 도구 9
# 격동기 단계에서 살아남기

## 목적

- 팀이 행동 규범에 적응하는 역동적인 과정을 거치면서 팀 리더로서의 권위를 확립한다.

소요 시간: 개방형

## 이론

많은 사람이 1965년 브루스 터크먼Bruce Tuckman이 제시한 팀 역동 모델에 대해 잘 안다. 이 모델에 따르면 팀이 형성기, 격동기, 규범기, 성과기의 단계를 거치게 된다. 격동기는 자주 관찰되는 단계로 팀 리더가 상당히 불편할 수 있다.

터크먼은 여러 사람이 처음 모였을 때는 서로에게 어떻게 반응해야 할지 고민하면서 예의 바르고 제한적인 행동을 보인다는 사실을 관찰했다. 그렇지만 어느 정도 익숙해지면 자연스럽게 나타날 수 있는 '서열'을 이해하기 위해 그룹 내 다른 사람들을 시험하기 시작한다. 이 과정에는 서로 다른 사람들이 서로에게 도전하고 팀 리더가 어떻게 반응하는지 확인하기 때문에 어느 정도의 혼란이나 질서 부재가 수반된다.

## 도구

격동기 단계에서 어떤 일이 일어날지, 심지어 언제 시작될지 정확하게 예측하기는 불가능하다. 프로젝트의 상황과 관련된 사람들의 성격에 따라 많은 점이 달라진다. 이 도구는 격동기 단계가 진행되면서 팀 리더로서의 권한을 명확히 할 수 있는 위치를 유지하는 데 도움을 주기 위해서다. 각 팀마다 처한 상황과 성격이 다르기 때문에 여러분이 할 수 있는 일은 준비뿐이다. 그런데도 이 과정에는 일련의 뚜렷한 활동이 포함된다.

**1단계**. 도전 예상하기 - 격동기 단계는 매우 불연속적일 수 있으며, 때에 따라 전혀 일어나지 않을 수도 있다는 점을 이해해야 한다. 특히 업무 전달을 합의하기 위해 고안된 초기 회의에서 여러 사람이 사소한 문제에 대해 논쟁을 벌여 회의 의제가 궤도를 벗어날 때 놀라지 않는 일이 중요하다.

**2단계**. 역할, 책임, 책무를 명확히 한다. 이상적으로 이는 팀이 이미 완료한 연습이다(도구 7 참조). 사소해 보이는 문제로 팀원들이 다투기 시작할 때 역할, 특히 팀 리더로서 역할을 명확히 하면 분쟁을 종결할 수 있는 기준점이 된다.

**3단계**. 토론이 진행되도록 허용한다. 회의 안건에 충실해지고 싶겠지만, 팀원들이 서로 이의를 제기할 필요가 있다면 의견 차이가 개인적인 감정으로 번지지 않도록 하는 데 집중하라.

**4단계**. 팀원 일부가 여러분에게 도전하기 시작할 때, 이들의 질문이나 의견이 그룹을 이끄는 여러분의 능력에 대한 공격이 아닐 가능성이 크다는 점을 인식해야 한다. 격동기는 주로 누가 누구의 통제를 받을 준비가 되어 있는지 파악한다. 도전받을 때는 단순히 질문이나 발언을 인정하고 리더의 역할에 대한 맥락에서 대응하라. 이 초기 단계에서는 다른 사람의 문제를 해결하거나 개별적인 요구를 충족할 필요가 없다는 점을 명심하라. 리더의 역할은 프로젝트 결과를 전달하며, 팀은 결국 집단으로 이해할 수 있는 일련의 행동 규범에 적응하고 이제 구성된 과제를 수행할 수 있게 된다.

## 기타 생각

격동기 단계는 팀 회의를 통해 진행할 수도 있다. 그렇지만 몇 주에 걸쳐 진행될 수도 있다. 이 단계가 길어지면 자신의 리더십에 대한 믿음이 부족하다고 느끼기 시작하여 자신감이 쉽게 약해질 수 있다. 이러한 혼란을 개인적으로 받아들이지 않도록 노력하라. 인내심을 갖고 프로세스가 정상화되고 팀이 '규범기' 단계로 넘어갈 때까지 기다려야 한다.

# 5장
# 효과적인 팀 구성을 위한 도구

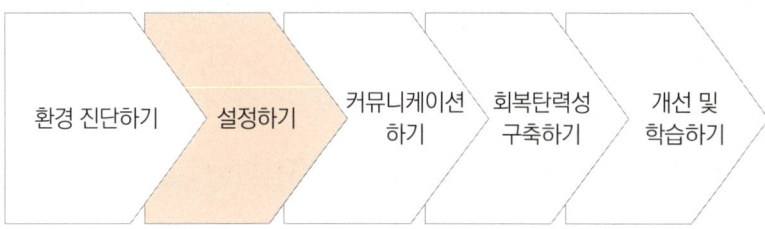

[그림 2B] 팀코칭 모델: 설정하기

**도구10** 큰 '왜?'

**도구11** 외향적 사고와 내향적 사고

**도구12** 과거에서 얻은 교훈

**도구13** 참여 규칙 수립하기

**도구14** 피드백 수용 동의하기

**도구15** 미래 스토리 만들기

**도구16** 동기를 부여하거나 짜증 나게 하는 방법

**도구17** 협업 캔버스

**도구18** 행동의 중력에 대한 인식 형성

**도구19** '비난 금지' 문화 확립

**도구20** 팀 통합 매뉴얼

## 도구 10
# 큰 '왜?'

## 목적

- 팀원들의 동기를 부여하고 프로젝트에 대한 헌신을 강화한다.
- 향후 의사 결정을 위한 구심점을 제공한다.
- 프로젝트의 이해관계자와 관계를 구축한다.

소요 시간: 15~45분

## 이론

팀 성과에 관한 모든 전문가는 팀에게 팀을 하나로 묶어줄 어떤 형태의 비전이 필요하다는 데 동의한다. 마이클 웨스트Michael West(2011)에 따르면, '비전은 팀의 업무에 동기를 부여하는 가치 있는 결과에 대한 공유된 아이디어'라고 한다. 팀 리더의 목표는, 각 팀원이 자신의 내재적 동기를 프로젝트의 결과와 연결하도록 돕는 데 있다. 핵심 통찰은 개인마다 동기를 부여하는 요인이 다를 수 있음을 인식하는 데 있다. 동기는 다음과 같다.

- 개인적으로 성공하기
- 훌륭한 팀의 일원이 되기
- 사회에 공헌하기
- 경력에서 한 단계 발전하기
- 새로운 학습 경험하기
- 직업적 자부심 느끼기

따라서 이러한 동기부여 요소를 끌어내어 개인의 의식으로 끌어내는 일뿐만 아니라, 각 팀원이 그룹 내 다른 팀원의 동기 이해가 중요하다.

## 도구

**1단계.** 준비된 워크숍에서 '프로젝트의 비전'을 초기 토론 항목으로 포함하여, 전체 그룹 토론을 위한 의제 공간을 확보한다.

**2단계.** 회의/워크숍에서 프로젝트에 대한 공동 비전 갖기의 중요성을 설명하여, 모든 사람이 공동의 목적을 위해 일할 수 있도록 하고, 각자가 특별한 동기부여 동인drivers을 갖게 되리라는 점을 인식시킨다.

**3단계.** 프로젝트에 대한 고객/스폰서의 비전을 명확히 설명한다. 가능하면 고객이 회의에 참여하여, 프로젝트의 배경이 되는 경제적, 사회적 동인을 설명하도록 요청한다. 프로젝트에 열정을 가진 후원자가 그룹에 연설하도록 하면, 동기부여에 큰 영향을 미칠 수 있다. 이 단계의 목적은, 팀이 프로젝트 결과가 성공했을 때 어떤 일이 일어날지 시각화할 수 있도록 돕는 데 있다. 스폰서가 참석할 수 없는 경우, 여러분이나 다른 팀원이 스폰서를 대신하여 연설하도록 한다. 팀에게 명확한 질문이나 의견이 있는지 물어본다.

**4단계.** 테이블에 모인 모든 사람이 서로 다른 동기부여 동인을 갖고 있을 수 있다고 다시 설명한다. 위의 글머리 기호를 통해 요점을

도구 10. 큰 '왜?'

설명할 수도 있다. 그런 다음, 팀원들에게 "이 프로젝트의 성공적인 결과는 여러분에게 어떤 모습인가요? 개인적으로나 업무적으로 어떤 도움이 될까요?"라고 물어본다.

**5단계.** 각 팀원에게 최대 3분 이내로 발언하도록 요청한다. 각 사람이 방해받지 않고 말할 수 있도록 하는 일이 중요하다. 다른 사람이 설명을 요청할 수 있도록 허용하되, 모든 사람이 발언할 때까지는 다른 의견이나 토론이 있어서는 안 된다. 모든 기여가 순차적으로 이루어지는 일이 중요하다. 이 시간은 팀원들이 자신의 개성을 드러낼 수 있는 첫 번째 기회일 수 있으므로, 모든 사람이 자기 말을 경청했다고 느끼게 하는 일이 중요하다. 프로젝트에 열정적인 팀원 한두 명과 함께하는 시작은 가장 이상적이다. 이렇게 하면 회의실에 있는 다른 팀원들의 마인드셋을 조율하는 데 도움이 된다.

(진행자는 플립 차트나 화이트보드에 각 사람의 핵심 요소 몇 가지를 골라 표시할 수 있지만, 이는 선택 사항이다. 때로는 워크숍의 이 부분을 비공식적인 분위기로 만들면 더 좋다.)

**6단계.** 그룹에게 현재 프로젝트에 대해 어떻게 생각하는지 물어보기로 세션을 마무리한다. 응답을 통해 어느 정도의 감정적 에너지를 자극했는지 대략적으로 파악할 수 있으며, 이를 통해 프로젝트의 성공에 대한 더 깊은 헌신을 다질 수 있다.

## 기타 생각

1. 이 도구는 프로젝트 설정 워크숍에서 매우 효과적이지만, 독립적인 연습으로도 사용할 수 있다. 소규모 팀을 위한 다른 연습으로는 도구 4에 설명된 '차 한 잔 회의'가 있다.

2. 일부 팀원은 처음에 개인 정보를 공개하기를 꺼릴 수 있으며, 다음과 같은 반응을 보일 수 있다. '돈 때문에 왔습니다', '내 직업이니까', '시키는 대로 왔기 때문에 여기 있습니다' 이러한 답변은 발전 가능성이 높은 팀 유형을 나타내는 중요한 지표이므로, 더 자세히 살펴볼 가치가 있다. 이 질문에 익숙하지 않아 보이는 젊은 팀원에게는 '엔지니어/디자이너/매니저/기술자 등이 된 이유가 무엇인가요?' 또는 '이 프로젝트가 성공하면 경력에 도움이 될 듯 하나요?'라고 부드럽게 물어볼 수 있다.

3. 때때로 다른 사람들, 특히 경험이 많은 구성원에게서 더 냉소적인 반응을 감지할 수 있다. 이는 리더로서의 권위에 대한 미묘한 도전일 수 있으므로 이를 신호로 받아들이되, 이 연습의 일부로

도전에 반응하지 않는다. 상대방의 말을 들었는지 확인하고 다음 팀원에게 넘어간다. 이후, 나중에 도전에 어떻게 반응할지 결정할 수 있다(도구 9 - 격동기 단계에서 살아남기 참조).

도구 11

# 외향적 사고와 내향적 사고

## 목적

- 팀의 완전한 참여를 유도한다.
- 지배적인 인물이 회의를 장악할 때 미치는 영향을 줄인다.
- 인식을 개선한다.
- 신뢰를 구축한다.

소요 시간: 팀 규모에 따라 15~30분

## 이론

생각을 표현할 때 모든 인간은 하나의 연속체 위에 놓여 있다. 한쪽 끝에는 자기 생각을 소리 내어 말할 때 더 쉽고 확고하게 말할 수 있는 사람들이 있다. 이들은 아이디어가 떠오르면 자신의 관점을 명확하게 표현할 단어를 찾기 위해 말을 하는데, 이런 사람들을 외향적 사고형이라고 한다. 그렇다고 혼자서 조용히 생각할 수 없다는 뜻은 아니지만, 흥분하면 말을 하고 싶은 충동이 강해져 자기 생각을 정리하려는 다른 사람의 말을 방해하는 경우가 많다.

다른 쪽 끝에는 내향적인 사고방식을 가진 사람들이 있다. 이들은 혼자서 모든 일에 대해 생각하기를 좋아하는 사람들이다. 이들은 반드시 다른 사람의 도움을 받을 필요는 없다. 문제를 해결한 후 결론을 내릴 수 있지만, 테이블에 있는 다른 사람들에게 자기 생각을 설명할 필요성을 느끼지 않는다.

우리는 모두 이 연속체 상 어딘가에 위치하며, 대부분 사람은 때때로 내향성과 외향성 사이를 오가며 중앙 근처에 있기도 하다. 하지만 인구 일부는 양쪽 끝에 위치하기도 한다. 내향적이거나 외향적인 성향이 강한 사람들은 자신이 토론에 미치는 영향을 인식하지 못하는 경우가 많다. 외향적인 사람은 끼어들고 싶은 충동을 억제하도록 상기시키고, 내향적인 사람은 자기 생각을 토론에 보태도록 장려하면 회의가 더 효과적일 가능성이 크다. 이 도구의 목적은 팀 구성원 각자가 자신의 선호도/습관을 고려하고, 다른 팀원들의 성향도 관찰할 수 있도록 돕기 위함이다.

[그림 7] 내향적-외향적 연속체

## 도구

**1단계**. 위에 언급한 이론을 설명한다.

**2단계**. [그림 7]을 플립 차트나 화이트보드에 그린다.

**3단계**. 각 팀 구성원에게 각자의 위치가 이 연속체 상 어디에 위치하는지 스스로 파악하도록 요청하되, 당분간은 자신의 위치를 숨기도록 한다.

**4단계.** 팀이 어느 정도 함께 시간을 보낸 적이 있다면 서로를 평가하도록 요청하고, 토론을 통해 어떤 결과가 나오는지 살펴본다. 새로운 팀과 함께 작업하는 경우 팀원들에게 자신이 연속체의 어디쯤 있는지 파악해 보라고 요청하면 된다.

**5단계.** 팀에게 이번 연습을 통해 무엇을 배웠다고 생각하는지, 그리고 이 정보를 향후 팀 회의를 개선하는 데 어떻게 사용하면 좋을지 질문한다.

## 다른 생각

자칫하면 일련의 다른 주제로 흐를 수 있는 이슈에 대해 연속체를 사용하면, 대화의 초점을 맞추게 할 수 있다. 각 사람이 선에 자신의 위치를 표시하게 하여, 대화를 원래 질문으로 되돌릴 수 있는 시각적 접촉점을 제공한다.

도구 12
# 과거에서 얻은 교훈

## 목적

- 팀의 과거 프로젝트 경험에서 얻은 교훈을 새 프로젝트에 적용한다.

소요 시간: 30~60분

## 이론

팀이 처음으로 공식적으로 모이거나 워크숍을 준비할 때는 과거의 경험을 이야기하는 일이 유용하다. 과거 프로젝트 사례를 사용하면 회의실에 있는 다른 사람들의 관심을 유도하고 팀원 각자가 팀의 현재 이니셔티브에 유용할 수 있는 배운 내용에 대해 이야기할 수 있다.

스토리 활용의 가치는 팀이 해당 정보를 가지고 무엇을 해야 하는지 또는 하지 말아야 하는지에 대한 직접적인 제안을 강요받지 않으면서도 배운 교훈에 대한 맥락을 제공한다는 점이다. 그런데도 스토리의 요점을 파악함으로써 팀의 태도와 접근 방식을 형성하는 프로세스는 시작을 위한 여러 가지 조치를 구축할 수 있다.

## 도구

**1단계.** 아주 잘 진행되었거나 아주 잘못 진행되었던 프로젝트나 과거 경험에 대해 몇 분간 생각해 보라고 한다. 간단히 메모해 달라고 요청한다. 좋은 경험과 나쁜 경험이 섞여 있다는 점을 분명히 한다.

**2단계.** 방에 있는 사람 수에 따라 팀을 3~4명씩 짝 또는 그룹으로 나눈다.

**3단계.** 팀원들에게 그룹에 속한 다른 사람들에게 자신의 이야기를 발표하라고 요청한다. 한 사람당 3~5분 정도 시간을 준다.

**4단계**. 그룹에게 과거의 어떤 교훈이 현재 팀에게 유용할지 큰 종이나 플립 차트에 적으라고 요청한다.

**5단계**. 각 그룹에게 플립 차트나 종이에 적었던 요점을 설명하면서 한두 가지 이야기를 발표하도록 요청한다.

**6단계**. 핵심 내용을 요약한다.

**7단계**. 가장 중요한 몇 가지 요점을 골라 이러한 교훈을 팀의 업무 관행에 어떻게 적용할 수 있을지 토론한다.

**8단계**. 이 토론의 결과물을 사용하여 참여 규칙/팀 헌장을 작성하라(도구 13 참조).

## 기타 생각

기법 8에서 설명했듯이, 이야기는 학습을 전달하는 데 매우 효과적인 메커니즘이다. 과거에 있었던 일에 대한 이러한 스토리는 팀원들에게 좋은 팀 프로세스와 나쁜 팀 프로세스의 파워포인트 슬라이드를 보여주는 일보다 더 강한 공감을 불러일으킬 수 있다. 따라서 이 연습은 언뜻 단순해 보일 수 있지만 충분한 시간을 할애할 가치가 있다.

도구 13
# 참여 규칙 수립하기

## 목적

- 팀 회의를 위한 프로토콜을 수립한다.
- 긍정적인 커뮤니케이션을 장려한다.
- 파괴적인 회의 행동을 방지한다.

소요 시간: 15~30분

## 이론

팀이 공식적으로 처음 모이면, 특히 회의와 관련하여 새로운 행동 방식을 정립할 기회가 생긴다. 새로운 그룹에서 사람들은 자기 행동을 그 그룹의 규범에 맞게 조정할 준비가 되어 있다. 효과적인 회의 행동을 확립할 수 있는 '단 한 번의 기회'가 있는데, 이는 팀 설립 초기에만 발생한다. 그렇지만 구체적인 합의가 이루어지지 않으면, 그룹 규범은 이전 팀이나 프로젝트에서 만족스럽다고 간주했던 행동이 기본으로 설정된다. 다음 프로세스를 통해 개인적 기대치를 강요하는 듯 보이지 않으면서도 명확한 참여 규칙을 도입할 수 있다. 도출된 규칙이 개인 규칙이 아닌, 팀 규칙이 될 수 있도록 그룹에서 나오도록 한다. 인간은 자신이 초안 작성에 참여했다고 느끼는 규칙을 채택할 가능성이 훨씬 크다. 반면, 규칙이 우리에게 강요되면, 우리는 때때로 그 규칙을 교묘하게 무너뜨리기 위해 불균형적인 양의 에너지를 쏟게 된다.

## 도구

**1단계.** 각 팀원에게 이전 프로젝트에서 효과적이거나 비효율적이었던 회의에 대해 생각해 보라고 한다.

**2단계.** [그림 8]과 같이 T차트를 작성한다(플립차트가 있다면 두 개의 플립차트를 사용해도 좋다).

**3단계**. 팀원들에게 이전 팀에서 경험한 긍정적인 행동과 부정적인 행동을 모두 생각해 차트에 적도록 요청한다.

**4단계**. 차트를 작성한 뒤, 이제 팀에게 새 프로젝트나 이니셔티브에 도입할 수 있는 사례와 피해야 할 사례를 파악하도록 요청한다.

**5단계**. 팀이 공동 작성 중인 규칙을 볼 수 있도록 새 플립 차트 용지에 대략적인 문서를 작성하기 시작한다. (필요한 경우 나중에 좀 더 공식적인 문서로 정리할 수 있다.)

**6단계**. 팀원 개개인에게 향후 모든 팀 회의에서 행동을 효과적으로 관리할 이 문서에 서명할 준비가 되었는지 물어본다.

**7단계**. 48시간 이내에 이 프로젝트에 대해 합의된 '참여 규칙'을 명시한 문서를 배포하고, 이를 팀 통합 매뉴얼에 포함한다.

| 좋은 회의 | 나쁜 회의 |
|---|---|
| 의제가 명확하다. | 늦게 도착하는 사람들이 있다. |
| 정시에 시작하고 종료한다. | 혼동되는 메시지/행동이 있다. |
| 잘 진행된다. | 문제가 해결되지 않고 계속 재발한다. |
| 사람들이 준비되어 있다. | 부적절한 메모가 있다. |
| 회의가 관련성이 있다. | 수다 떨기식 대화가 이어지거나, 이메일 확인하는 행동, 전화 통화 그리고 예고 없이 조기 퇴근하는 행동이 있다. |
| 회의록이 바르게 작성된다. | |
| 적절한 사람들이 참석한다. | |
| 의사 결정을 내릴 수 있다. | 불필요한 회의가 진행된다. |
| 가능한 경우 케이크(간식)를 포함한다. | 케이크가 충분하지 않다! |

[그림 8] 좋은 회의/나쁜 회의 연습 그림

## 기타 생각

1. 이 연습은 '팀 헌장'을 만드는 일과 혼동될 수 있다. 팀 헌장에 대한 내 우려는 이 개념이 행동에 영향을 미치는 일과는 거의 관련이 없는 다양한 정보를 포함하도록 왜곡되었다는 데 있

다. 팀 헌장은 때때로 미리 작성되는 경우가 많으므로, 모든 사람이 참여한 공동 작성 문서의 근본적인 가치를 무색하게 한다.

2. 이 연습은 팀 회의 외부에서 팀이 의사소통하는 방법을 통합하도록 유용하게 확장될 수 있다.

3. 도구 28 - '회의 전략 합의'도 참조한다.

도구 14

# 피드백 수용 동의하기

## 목적

- 팀이 팀 성과에 대한 피드백을 주고받는 데 개방적일 수 있도록 준비한다.
- 프로젝트를 진행할 때 피드백 프로세스가 더 쉽게 구현되도록 한다.
- 피드백 프로세스의 작동 방식과 시기를 합의한다.

소요 시간: 45~60분

## 이론

명확한 피드백을 얻고 받아들일 수 있는 시스템 갖추기는 효과적인 팀을 만들고 유지하는 데 필수적인 요소임은 명확하다.

피드백은 팀에 요구되는 중요한 정보를 제공한다.

- 의사소통과 협업 기술 개발
- 제대로 작동하지 않는 프로세스 식별
- 긍정적인 팀 속성에 대한 긍정적 강화 제공
- 팀 성과에 영향을 미치는 부정적인 행동의 수정 기회 제공
- 변화 상황을 파악하고 적응

대부분 팀이 직면하는 문제는 전문가들이 자기 업무나 성격에 대해 비판적으로 인식될 수 있는 피드백을 싫어하는 경향이 있다는 점이다. 따라서 프로그램에 어떤 형태의 피드백 프로세스를 계획하는 팀은 거의 없다. 그러다 보니 프로젝트가 진행되면 피드백 시스템을 도입하기가 훨씬 더 어려워진다.

이 연습의 목적은 피드백 필요성과 자신이 선택한 프로세스가 어떻게 작동할지에 대한 토론을 시작하기 위함이다. 잠재적인 피

드백 메커니즘에 대한 자세한 설명은 별도의 도구로 제공된다(도구 42 참조).

## 도구

**1단계.** 초기 팀 회의 의제로 피드백을 받는 문제를 소개한다. 이 문제는 반드시 시작 회의에서 시간을 할애할 필요는 없지만, 프로젝트가 본격적으로 진행되기 전에는 논의해야 한다.

**2단계.** 위에서 설명한 다섯 가지 주요 이점을 설명하는 프로세스로서 팀 피드백 개념을 소개한다.

**3단계.** 팀 구성원들에게 피드백 프로세스 아이디어에 대해 어떻게 생각하는지 물어본다. 팀 구성원은 저마다 방해받지 않고 발언할 수 있어야 한다. 이 단계에서는 피드백 프로세스가 어떻게 작동할지에 관해서는 자세히 설명하지 않는다. 팀 피드백을 받는 원칙이 유용할 것임에 대한 합의가 우선이다.

**4단계.** 원칙*에 대한 동의를 얻었다는 가정 하에, 이제 어떤 유형의 피드백 프로세스가 팀의 요구에 가장 적합하고 실용적인지에 대해 토의를 진행할 수 있다. 다양한 전용 피드백 도구를 사용할 수 있으며, 일부는 컨설팅 패키지로 제공되고 다른 일부는 온라인 기능으로 제공된다. 자신만의 프로세스를 만드는 것도 당연히 가능하다.

**5단계.** 피드백을 얻는 데는 본질에서 두 가지 서로 다른 접근 방식이 있다. 첫 번째는 팀이 스스로 검토하는 자체 관리 프로세스의 사용이다. 다른 하나는 팀 360도 진단의 형태로 팀 외부에서 정보를 얻는 방식이다. 각각의 장단점을 간단히 [표 5]로 정리하였다.

[표 5] 피드백을 얻기 위한 다른 접근 방식

| 피드백 접근 | 장점 | 단점 |
| --- | --- | --- |
| 1. 팀 내부, 팀 구성원만을 대상으로 데이터를 수집하는 경우 | 빠르고 비교적 쉽다. 구두 또는 맞춤형 설문지를 기반으로 할 수 있다. | 피드백이 너무 내부 관점이어서 더 넓은 맥락을 보지 못할 수 있다. 어려운 문제를 피하기 쉽다. |
| 2. 이해관계자와 부하 직원, 공급업체를 대상으로 데이터를 수집하는 외부 360 | 더 넓은 데이터 자원은 더 객관적인 정보를 제공한다. 또한 팀이 다른 관점에서 프로젝트를 볼 수 있다. | 외부 입력은 관리하는 데 시간과 자원이 필요하다. 데이터 분석, 무기명, 보고를 위해 제삼자가 필요할 수 있다. |

**6단계.** 사용할 피드백 도구의 유형에 동의한 다음에는 프로젝트 주기의 어느 단계에서 피드백을 받을지, 그리고 팀에 데이터를 미리 어떻게 제시할지 방법을 합의해야 한다.

* 참고: 피드백 받기가 팀 구성원들의 동의를 얻지 못한다면, 이는 팀 구성원 일부 또는 전부가 아직 심리적으로 안전한 환경에 있다고 느끼지 못함을 나타내는 심각한 '위험 신호'이다. 이를 방치하면 향후 문제가 발생할 수 있다는 신호이다.

## 도구 15
# 미래 스토리 만들기

### 목적

- 프로젝트의 비전을 담는다.
- 팀의 사명을 명확하게 표현한다.
- 달성 목표에 대해 긍정적인 마인드셋을 갖도록 한다.

소요 시간: 60분

### 이론

팀이 성공에 초점을 맞춘 미래 지향적인 마인드셋을 개발하도록 돕기 위해 고안된 긍정적인 연습이다. 이 도구는 킥오프 워크숍 일부로 잘 활용된다.

스토리는 인간이 복잡한 상황을 이해하는 데 도움이 되는 간단하지만 강력한 메커니즘이다. 또 우리는 사실facts과 숫자figures를 기억하기보다 스토리를 훨씬 더 쉽게 기억한다. 앞으로 일어날 일에 관한 스토리를 만들면 팀이 프로젝트가 완료되고 장애물을 극복하여 후원자와 사용자가 결과에 만족하는 미래의 어느 시점을 생각하게 된다. 이는 일종의 자기충족적 예언이다.

## 도구

**1단계.** 미래 비전의 개념을 설명한다. 팀에게 프로젝트가 완료된 직후의 미래 하루를 상상해 보라고 요청한다. 프로젝트에 관해 이야기하는 기사를 작성한다.

**2단계.** 플립 차트/화이트보드에 "프로젝트에 관한 기사article의 내용은 무엇인가요?"라고 적는다.

**3단계.** 사용자들이 결과에 대해 어떻게 느끼는지 알 수 있나요?

**4단계.** 팀이 극복해야 했던 어려움은 무엇이었나요?

**5단계.** 여러 요소를 하나의 문장으로 통합한다. 상자 안의 텍스트와 같은 예가 될 수 있다.

**6단계.** 이 선언문을 작성하여 팀 통합 매뉴얼의 일부로 배포한다.

참고: 이 연습은 도구 10에 설명된 비전 연습을 기반으로 둔다. 이를 대체하지는 않는다.

### 미래 스토리 사례

오늘 드디어 완성된 문서를 엔지니어링 팀에 넘겼다. 이 프로젝트는 정말 만족스럽고 즐거운 작업이었다.

때로는 매우 어려웠지만 처음부터 팀에서 형성된 협업 정신이 성공에 큰 도움이 되었다. 올바른 행동에 투자함으로써 우리는 개방적이고 투명한 문화를 구축할 수 있었으며, 혁신과 창의적인 사고를 장려할 수 있었다.

우리가 달성하고자 하는 목표와 이 프로젝트가 전 세계 미래 세대에게 미칠 영향에 대한 명확한 비전을 갖는 데 도움이 되었다. 처음에 우리는 명확한 거버넌스를 설정했고, 모든 팀원이 자신의 역할과 책임에 대해 모두 알고 있었다. 또한 팀이 압박감을 느낄 때 서로를 지원하는 모습을 볼 수 있어서 좋았다. 우리는 프로젝트가 진행됨에 따라 팀이 경험을 통해 배울 수 있도록 진정한 '비난 금지' 문화를 확립할 수 있었다.

외부 계약업체를 신중하게 선정하여 디자인부터 납품까지 협업하는 팀 정신을 유지할 수 있도록 했다. 정기적인 워크숍을 통해 유연한 사고와 적응력을 기를 수 있었다. 접근 방식에 적응할 수 있었다. 따라서 복잡하고 변화무쌍한 외부 환경 속에서 작업해야 하는 어려움에도 불구하고 예산 범위 내에서 적시에 프로젝트를 완료할 수 있었다.

되도록 많은 이해관계자 그룹을 프로그램에 참여시키고 연결했으며, 더 넓은 조직 내에서 적극적으로 피드백을 구하여 프로젝트의 요구 사항에 맞게 조정할 수 있도록 했다. 그 결과 우리가 모두 함께 만든 포괄적인 문서가 탄생하게 되어 매우 자랑스럽다.

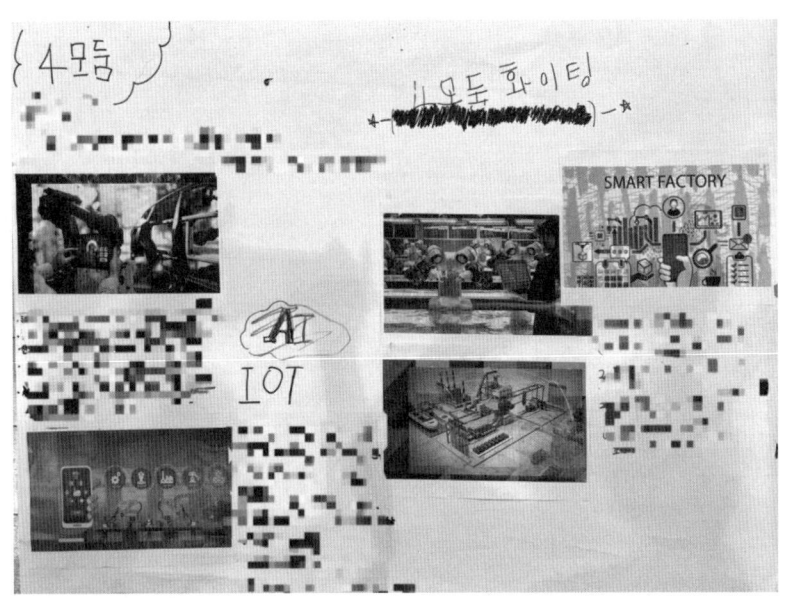

'미래 스토리 만들기' 도구(꼴라쥬) 적용 사례

도구 15. 미래 스토리 만들기

## 도구 16
# 동기를 부여하거나 짜증 나게 하는 방법

### 목적

- 팀원들이 자신에게 동기를 부여하는 요소와 짜증 나는 요소를 이해하도록 돕는다.
- 팀 내 커뮤니케이션을 개선한다.
- 팀의 동기부여와 선호도에 대한 추가 단서를 얻을 수 있다.

소요 시간: 45~60분

### 이론

처음 한 팀이 모이면, 기술적인 과제에 집중하는 경향이 있다. 일정

기간 함께 일하기 전까지는 서로의 동기부여에 대해 잘 알지 못하는 경우가 많다.

한 팀원에게 동기를 부여하는 일이 다른 팀원에게는 짜증이나 불쾌감을 줄 수 있다는 점을 인식하는 일은 중요하다. 그렇지만 함께 일해보지 않고서는 각 사람의 '동기부여를 뜨겁게 할 시작점hot buttons'이 무엇인지 금방 알기 어렵다. 물론 직접 물어보지 않는 한 말이다.

## 도구

**1단계.** 모든 팀원에게 큰 종이를 제공한다. 플립 차트 용지나 화이트보드의 여백이 될 수도 있다. 이 연습의 목적은 나머지 팀원들에게 다시 발표할 수 있을 만큼 충분히 큰 글씨로 작성하는 일이다.

**2단계.** 팀에게 종이를 네 개의 섹션으로 나누라고 요청한다.

**3단계.** 팀에게 [그림 9]에 표시된 대로 네 개의 사분면에 라벨을 붙이도록 요청한다.

**4단계**. 팀원 각자에게 10분 동안 각 요점에 대한 개인적인 견해를 작성하도록 요청한다. 각 제목 아래에서 두 개 이상의 요점을 파악하도록 격려한다.

**5단계**. 자기 생각을 종이에 적을 시간을 가진 후, 다른 사람들이 볼 수 있는 벽면에 종이를 붙이도록 요청한다(종이를 붙이기 위해 파란 종이나 이와 유사한 임시 방법이 필요할 수 있다).

**6단계**. 각 팀원에게 차례로 각 제목 아래에 쓴 내용을 회의실에 있는 다른 팀원에게 설명해 달라고 요청한다. 한 사람당 2~3분 정도 시간을 부여한다. 모두가 말하고 모두가 경청한다.

**7단계**. 팀원들에게 이 연습을 통해 무엇을 배웠는지, 앞으로 이 정보를 어디에 사용할 수 있을지 물어본다.

**8단계**. 모든 사람의 발표가 끝나면, 종이를 한데 모아 나중에 배포할 수 있는 단일 문서로 편집한다.

|  |  |
|---|---|
| 내가 일을 잘할 때는… | 나에게 동기를 부여하고 싶다면… |
| 내가 업무가 힘들다고 느낄 때는… | 나를 짜증 나게 하고 싶다면… |

[그림 9] 동기를 부여하거나 짜증 나게 하는 방법 연습을 위한 설정

## 기타 생각

1. 이 연습은 팀원들이 각자의 개인적 선호도와 동기에 대해 조금씩 드러내게 하려고 고안된 간단한 연습이다. 너무 복잡하게 만들지 않는다. 가능하면 약간 재미있게 한다.

2. 이 도구는 워크숍이나 팀 외부 활동이 시작될 때 사용하기에 좋은 연습을 제공한다.

3. 연습을 처음 실행한 뒤 3~4개월이 지나면 팀 회의에서 결과를 회람하여, 팀원들에게 그 내용을 상기시키고 추가하거나

변경할 사항이 있는지 물어본다. 이후, 팀 내 다양한 동인을 이해하여 얻을 수 있는 이점을 설명한다.

## 감사의 글

매우 흥미로운 체험 워크숍에서 이 도구를 소개해준 내 절친한 친구 윌 칼슨Will Karlsen에게 감사를 표한다.

도구 17
# 협업 캔버스

## 목적

- 올바른 행동 규범 확립을 위한 워크숍 또는 회의 구조와 형식을 제공한다.

소요 시간: 30분(준비 시간)

## 이론

프로젝트 설정이나 워크숍 시작의 설계는 복잡할 수 있는데, 특히 시간이 촉박할 경우 더욱 그렇다. 의제에서 다룰 영역이 많아서 각 핵심 영역에 충분한 시간을 할당하지 않을 위험이 있다.

협업 캔버스는 프로젝트 설정 프로세스의 일부로 사용하는 워크숍 도구이다. 이 도구의 목적은 팀이 프로젝트 전반에 걸쳐 협업 행동을 포함하는 행동 계획에 동의하도록 돕는 데 있다. 캔버스는 3×3 매트릭스로 배열된 여러 개의 칸으로 구성되어 있으며, 각 칸에는 미리 인쇄된 제목이 있다. 각 제목은 강력한 행동 규범을 확립하는 데 필수 요소로 밝혀진 핵심들이다. 이 시트는 워크숍에서 사용할 수 있도록 대형(A0 또는 A1)으로 인쇄한다. 그런 다음, 팀은 이 캔버스를 논의할 항목에 대한 시각적 의제로 사용하고, 워크숍에서 합의된 사항을 기록한다.

시각적 표시는 팀이 팀 개발에 대한 더 큰 그림을 볼 수 있도록 돕고, 주의를 기울여서 다루어야 할 필요한 각 측면을 파악하는 데 매우 유용하다. 캔버스는 팀이 시간을 들여 모든 칸을 채우도록 권장한다. 채워지지 않은 공백은 설정 프로세스가 완료되지 않았음을 알려준다.

대부분 프로젝트에서 팀 구성의 주요 영역을 다루는 일반적인 사례가 [그림 10]이다. 각 제목은 팀 성과에 관한 연구 결과를 반영한다. 그러나 팀코칭 툴킷 - 효과적인 팀을 위한 도구에는 각기 다른 요구 사항이 있을 수 있으므로 사안별 가장 유용한 제목을 사용하면 된다.

| 프로젝트 환경 진단 | 중요한 '이유' | 이해관계자와 홍보대사 |
|---|---|---|
| 주요 역할과 책임 | 비전과 가치 | 참여 규칙 |
| 회복탄력성 구축 | 학습 전략 | 우수 활동 |

[그림 10] 협업 캔버스 예시

## 도구

**1단계**. [그림 10]에 표시된 예시를 검토하고 워크숍에서 어떤 제목을 사용할지 결정한다. 그렇지만 프로젝트의 현재 상태에 맞게 제목을 조정할 수도 있다.

**2단계**. 나만의 캔버스를 디자인하거나 웹사이트에서 사본을 내려받는다.

**3단계**. 대형 사본을 인쇄할 수 있도록 준비한다. 플로터를 사용할 수 있다면 더 쉽겠지만, 대부분의 시내 인쇄소에서도 대형 인쇄물을 만들 수 있다.

**4단계**. 종이를 벽에 붙여 팀이 작업할 수 있는 시각적 의제를 제시한다. 주요 이슈에 대해 논의하고 합의된 조치에 대해서는 관련 칸에 요약, 작성한다.

**5단계**. 회의가 끝나면 캔버스에 있는 내용을 '팀 통합 매뉴얼'에 맞게 수정할 사람을 지정한다(도구 20 참조).

## 기타 생각

3x3 형식에 얽매일 필요는 없다. 세션에서 얼마나 많은 영역을 다루고 싶은지 확인되면 캔버스를 디자인하여 계획의 모든 요소를 다룰 수 있도록 충분한 칸을 만들면 된다.

　이 도구는 대규모 그룹과 함께 작업할 때 매우 효과적이다. 나는 60명의 프로젝트 매니저와 컨설턴트가 모인 회의에서 이 도구를 아주 성공적으로 사용했는데, 회의실을 여러 개의 하위 팀으로 나누어 각기 다른 캔버스에서 작업했다. 그런 다음 결과물을 종합하여 프로젝트 수립을 위한 일련의 모범 사례 절차를 확립했다.

## 도구 18
# 행동 중력에 대한 인식 형성

## 목적

- 신뢰와 강력한 행동 규범을 개발하기 위해 시간과 에너지를 투자해야 한다는 인식을 팀원들에게 심어준다.

소요 시간: 10~15분

## 이론

대부분 인간은 집단으로 일하도록 유전적으로 프로그램되어 있지만, 우리는 서로에게서 떨어져 나갈 수 있는 놀라운 능력이 있다. 새로운 팀이 구성되면 아직 서로 신뢰하는 법을 배우지 못한 구성원들이 한 그룹으로 모이게 된다. 적극적으로 조치하지 않으면 개인이 함께 일하기 시작하면서 때때로 동의하지 않는 이유를 발견하고 결국 갈등에 빠지게 된다.

많은 팀이 무엇이 합리적이거나 논리적인지에 대해 모든 사람이 자신의 특정 버전에 따라 합리적이고 논리적으로 행동하리라는 잘못된 가정으로 어려움을 겪고 있다. 이 도구모음에 제시된 팀 개발 활동에 투자하는 데 대해 어느 정도 저항감을 느끼다가 팀에 역기능적인 행동 규범이 확립되어 있다는 사실을 너무 늦게 알게 되는 때도 있다.

아래 그림은 '행동 중력 behavioural gravity'(Llewellyn, 2015)의 문제와 신뢰를 구축하고 결속력을 유지하기 위해 시간을 투자해야 하는 이유를 설명하는 간단한 메커니즘을 보여준다.

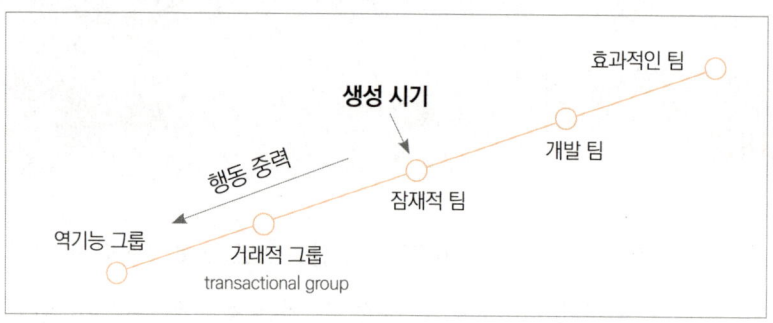

[그림 11] 행동 중력의 도표(Llewellyn, 2015에서 각색)

## 도구

**1단계**. 새로운 팀원들에게 이전에 팀이나 그룹에서 좋은 행동이나 나쁜 행동이 있었던 경험에 대해 생각해 보도록 요청한다. 시간적 여유가 있다면 토론하되, 시간이 촉박하다면 2단계로 넘어가라.

**2단계**. 플립 차트나 화이트보드에 위의 다이어그램을 그린다.

**3단계**. 모두 함께 언덕에 모였다는 개념적 아이디어를 설명한다. 경사진 땅에서 한동안 서 있는 행동이 얼마나 편한지 물어본다.

**4단계**. 인간 본성의 어두운 면이 우리를 잘못된 의사소통, 낮은 신뢰 수준, 궁극적으로는 무관심에서 비롯되는 역기능적 행동으로 이끈다고 설명한다.

**5단계**. 응집력 있는 팀이 되려면 강력한 팀이 될 수 있는 위치를 향해 경사면을 올라가는 데 도움이 되는 일을 해야 한다고 설명한다.

**6단계**. 팀이 행동 중력에 대항하는 데 도움이 된다고 생각되는 활동의 선택에 관해 설명하고 제안에 대해 어떻게 생각하는지 물어보라.

## 기타 생각

복잡한 이전 프로젝트를 위한 준비 회의에 참여한 적이 있다. 참석했던 고위 관리자들은 프로그램 계획 수립에 급급했고, 프로젝트의 성공에 필요한 협업 규범을 확립하는 시간을 할애하는 데 거부감을 드러냈다. 회의실에는 모두가 합리적으로 행동하고 있으므로 그룹이 압박받는 시기에도 이런 상황이 지속하리라는 가정이 있었다. 위의 다이어그램을 사용하여 좋은 팀과 나쁜 팀 모두에서 이전에 경험한 바를 되돌아보도록 요청할 수 있었다. 중력이 이들을 역기능적인 관계로 끌어당긴다는 생각은 속도를 늦추고 진정한 팀으로서 어떻게 함께 일할 수 있는지에 대해 생각하는 시간을 갖기로 동의하는데 충분한 이유가 되었다.

## 도구 19
## '비난 금지' 문화 확립

### 목적

- 비난 없는 환경 조성의 이점을 팀원들이 이해할 수 있도록 한다.
- 감정적 자제력의 원칙을 확립한다.

소요 시간: 30분

### 이론

인간은 계획대로 일이 진행되지 않을 때, 본능적으로 책임을 전가하려는 욕구가 있다. 비난하고 싶은 욕구는 분노$^{anger}$, 두려움$^{fear}$, 혐

오감disgust, 슬픔sadness, 놀라움surprise과 같은 다양한 감정 반응에서 비롯된다. 이러한 감정은 생존을 돕기 위해, 우리의 유전자 구조에 프로그래밍된 '회피avoidance' 감정이다. 불쾌하거나 바람직하지 않은 사건이 발생하면, 우리 몸은 화학 물질을 분비하여 처음에는 통제할 수 없는 감정을 유발한다. 느낌-생각-행동 반응feel-think-act response은 부정적인 감정을 집중할 수 있는 상대를 찾는 자연스러운 본능을 인식하는 법을 배워야 함을 의미한다. 이를 본능적인 반응이라고 인식하면, 감정을 관리하고 이성적인 대응을 시작할 수 있다.

다른 사람을 비난하는 단점은 잠재적인 해결책에 대한 통제권을 다른 사람에게 넘긴다는 의미이다. 이는 특히 문제에 대해 외부 이해관계자를 지속해서 비난하여, 스스로 해결책을 찾는 능력을 저해하는 팀에게 문제가 될 수 있다. 문제를 지속해서 살펴보고, 어떻게 하면 이 문제를 해결할 수 있는지 자신에게 질문하여 팀의 발전을 저해하는 감정적 부담 없이 앞으로 나아갈 수 있는 능력을 유지할 수 있다.

'비난하지 않는' 문화에서 일하고 싶다고 말하지만, 어떻게 해야 할지 모르는 많은 팀을 자주 접하게 된다. [그림 12]에 간단한 절차가 나와 있다.

### 비난 금지 프로토콜

1. 사건에 대한 자신의 감정적 반응을 인정하고 한쪽으로 치워둔다.
2. 이제 사실에 집중하고 무슨 일이 왜 일어났는지 냉정하게 이해하려고 노력한다.
3. 적절한 경우, 상황을 파악하고 관련자들과 공개적으로 대화하고, 비난보다는 대화를 사용한다.
4. 상황을 바로잡기 위해 사용할 수 있는 선택지를 고려한다.
5. 자신과 팀원들에게 그 상황에서 무엇을 배웠는지 자신에게 물어본다.
6. 유사한 상황을 방지하기 위해, 팀 프로세스에 필요한 변경 사항에 동의한다.

[그림 12] '비난 금지' 프로토콜

## 도구

**1단계.** '비난하지 않는' 문화가 실제로 무엇을 의미하는지에 관해 구체적으로 이야기할 수 있도록 초기 토론을 유도한다.

**2단계.** 팀원들에게 '비난 금지' 문화가 무엇이라고 생각하는지 물어본다. 핵심 사항을 작성하여 집중할 수 있는 지점을 만든다.

**3단계.** '느낌-생각-행동'의 어려움과 타인의 잘못을 찾고자 하는 감정적 충동을 인식해야 할 필요성을 설명한다.

**4단계.** 팀원에게 책임을 전가해서는 안 되는 상황의 사례를 들어본다.

**5단계.** '책임 전가 금지'가 책임감 및 약속 이행의 필요성과 어떻게 조화를 이루는지 물어본다.

**6단계.** 팀에 [그림 12]에 제시된 '책임 전가 금지' 프로토콜을 적용한 다음 채택하도록 제안한다.

**7단계.** 첫 번째 주요 문제가 발생하자마자 책임 전가 금지 프로토콜을 재검토하고 평가하는 일은 필수적이다. 이 첫 번째 반복을 통해, 팀이 진정으로 '비난 금지' 문화를 채택할 수 있는지를 결정할 수 있다.

## 기타 생각

비난 문제 가운데 하나는 순환하는 경향이 있다는 점이다. 한 사람

(또는 조직의 일부)이 자신이 맡은 바를 제시간에 끝내지 않아, 팀이 중요한 마감일을 놓치게 되는 상황을 흔히 볼 수 있다. 질문을 받으면, 팀의 다른 부분이 약속 시간에 데이터를 제공하지 않았으므로 자기 잘못이 아니라고 불평한다. 세 번째 조사에서 제공한 설명에 따르면, 매니저가 시간을 충분하게 주지 않았고, 이후 다른 프로젝트로 옮겨졌다고 한다. 프로젝트 일정 초기에 어떤 조치를 하지 않은 후원자나 프로젝트 관리자에게 책임을 돌리는 일이 얼마나 자주 반복되는지 놀라울 정도이다. 나는 모든 형태와 규모의 팀에서 이런 일이 일어나는 현상을 보았다. 책임 묻지 않기 프로토콜을 통해, 신속하게 조치하는 팀은 문제에서 훨씬 더 많은 것을 배우고 더 효과적으로 될 수 있다. 그렇지 않은 팀은 원활한 의사소통을 유지하는 데 어려움을 겪고, 관계에 역기능dysfunctional이 생기기 시작한다.

## 도구 20
## 팀 통합 매뉴얼

### 목적

- 팀의 효과성을 유지하는 데 필요한 활동, 행동과 관련하여 팀에서 생성한 모든 정보를 위한 저장소repository를 설정하고 구축한다.
- 팀 출범 후 팀에 합류하는 새로운 팀원을 위한 중요한 안내 도구를 만든다.

소요 시간: 설정하는 데 60분, 이후에는 정기적인 유지 관리가 필요

## 이론

이 책에서 설명하는 팀코칭 모델을 따른다면, 프로젝트 주기 초기에 시간을 투자하여 팀이 합의한 행동과 절차를 생성하는 다양한 활동을 시작하게 된다. 이렇게 합의된 결과가 구현되도록 보장하지 않으면 이 모든 좋은 작업은 낭비일 뿐이다. 팀이 작업 완료 단계로 넘어가면, 강력한 팀 행동을 확립하기 위해 고안된 초기 작업을 망각하기 쉽고, 나쁜 습관이 생길 수 있다. 코칭 해결책의 일부는 '팀 통합 매뉴얼'의 작성이다. 이는 기본적으로 설정 프로세스의 일부인 다양한 활동, 토론과 기타 연습의 모든 결과물을 포함하는 폴더이다.

매뉴얼이 영향력을 발휘하려면, 팀이 목표를 달성하기 위해 사용하는 핵심 도구 가운데 하나로 간주되어야 한다. 폴더는 정기적으로 참조되고 최신 상태로 유지되는 일련의 실시간 문서로 간주해야 한다. 또 이 폴더는 팀에 새로 합류하는 구성원들을 안내하는 과정에서 '이 팀에서는 이런 식으로 일을 한다'라는 점을 명확하게 설명하는 주요 요소가 된다.

팀 통합 매뉴얼에 포함될 문서 유형의 예는 다음과 같다.

- 팀의 비전, 사명, 가치(도구 10)
- 팀에서 합의한 주요 역할, 책임responsibilities, 권한accountabilities (도구 9)
- 이해관계자 참여 계획(도구 31)
- 팀의 '참여 규칙'(도구 13)
- 팀의 미래 스토리(도구 15)
- 팀의 심리측정 프로필(도구 23)
- 개별 팀 구성원 개개인에게 동기를 부여하고 사기를 저하시키는 요소(도구 16)
- 특정 복잡성 영역(도구 1)
- 협업과 통합 그룹의 회의 결과(도구 21)
- 정기적인 피드백 연습의 결과물(도구 42)
- 정기적인 '학습과 성찰' 세션을 수행하기 위한 합의된 메커니즘(도구 44)

당신의 프로젝트나 팀에 맞는 다른 문서가 있을 수도 있으므로 이 목록이 종합적인 목록은 아니다.

## 도구

**1단계**. 팀 통합 매뉴얼의 대표자 ownership 역할을 맡을 사람을 지명한다. 대표권은 도구의 효과성에 매우 중요하므로, 이 역할은 팀 전체에서 중요한 책임으로 여겨져야 한다.

**2단계**. 매뉴얼 형식을 결정한다. 팀의 주요 위치에 부착하는 출력물 형태로 만들지, 아니면 각 개인에게 복사하여 배부할지, 또는 매뉴얼을 공유 기술 플랫폼에 보관하도록 소프트웨어 형식으로 할지도 정할 수 있다.

**3단계**. 팀의 거버넌스 온보딩 프로세스의 일부로 매뉴얼을 수립한다.

## 기타 생각

팀 설립 초기 단계에 이 도구를 사용하게 만들어 놓으면 준비하는 데 걸리는 시간을 크게 절약할 수 있다. 이 과정을 선택 사항으로 생각하지 말자. 이러한 정보의 수집과 선별 collection and curation에 우선순위를 두면, 팀 구성원들에게 협업 행동이 팀 문화의 중요한 요소라는 신호를 줄 수 있다.

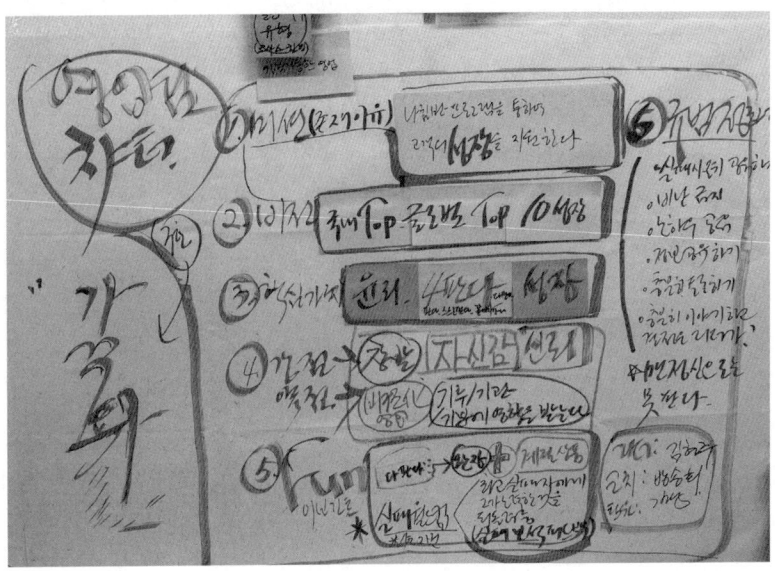

'팀 통합 매뉴얼' 도구(팀 챠터) 적용 사례 1

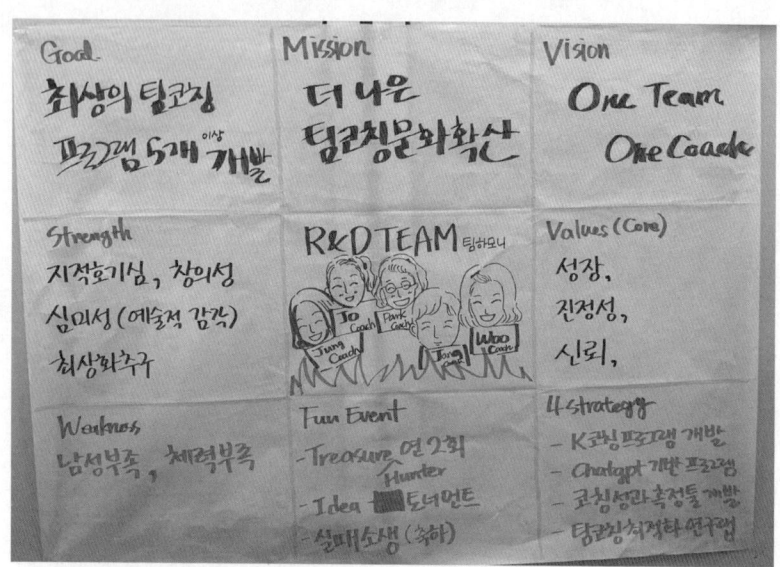

'팀 통합 매뉴얼' 도구(팀 차터) 적용 사례 2

# 6장
# 커뮤니케이션 향상을 위한 도구

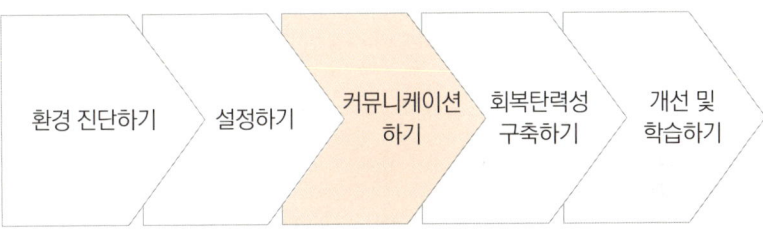

[그림 2C] 팀코칭 모델: 커뮤니케이션하기

도구 21. 협업 및 통합 작업 흐름 구축하기

도구 22. 협업의 언어

도구 23. 팀 심리측정 프로필 구축하기

도구 24. 모두가 말하고, 모두가 듣기

도구 25. 시스템적인 문제 해결 모델

도구 26. 누가 바보 역할을 연기할까?

도구 27. '그래서 뭐?' 의견제시자

도구 28. 회의 전략 합의

도구 29. 코끼리 식별하기

도구 30. '여분의 의자'의 지각적 위치

도구 31. 이해관계자 지원 구축

**도구 21**

# 협업 및 통합 작업 흐름 구축하기

## 목적

- 팀이 효과적이고 응집력 있는 단위를 구성할 수 있게 관련 업무를 담당하는 고위급 개인 그룹이 참여하는 별도의 작업 흐름을 구축한다.

소요 시간: 팀의 수명 주기 내내 지속한다.

## 이론/도구

팀에서는 거의 전적으로 작업 완료에만 집중하는 경향이 압도적으로 많다. 많은 인원이 효과적으로 통합되어야 하는 프로젝트의 경우, 팀이 무엇을 할 수 있는가보다는 어떻게 협력할 수 있는가에 초점을 맞추기 위해 별도의 작업 흐름을 설정하는 일이 유용하다.

이 작업 흐름에 협업 및 통합 그룹collaboration and integration group(CIG)과 같은 이름을 부여하면 더 많은 팀원이 이해하는 정체성을 만들 수 있다. CIG(또는 어떤 이름을 선택하든)는 협업 및 통합 작업 흐름에서 프로젝트나 이니셔티브 안팎에 있는 사람들과의 관계, 긍정적인 사회적 관계 구축과 관련하여 발생하는 더 많은 문제를 다루는 지속적인 의제를 관리해야 한다.

CIG 위임에는 다음과 같은 여러 활동이 포함될 수 있다:

- 팀 개발 및 프로젝트 시작 워크숍 위임
- 핵심 행동 성과 지표 수립 및 이를 관리할 시스템 위임
- 팀 통합 매뉴얼 작성과 유지 관리를 위한 주인의식 확립(도구 20 참조)
- 피드백 시스템의 설계 및 실행 위임(도구 42 참조)
- 피드백 보고서를 받고 토론 및 조치 권고
- 정기적인 팀 학습 및 성찰 세션 유도(도구 39, 40 및 44 참조)
- 팀의 집단적 회복력과 팀의 일부가 압박과 스트레스 기간을 관리하는 정도를 모니터링

CIG가 효과적으로 운영되려면, 팀을 대신하여 의사 결정을 내리고, 위계적인 의사 결정 프로세스에 얽매이지 않고, 이를 실행할 수 있는 권한을 가진 다수의 고위급 인사로 구성되어야 한다.

## 사례 스토리

예를 들면, 복잡한 통신 인프라 프로젝트를 수주한 두 대기업 간의 합작투자joint venture 사례가 있다. 두 조직의 고위 관리자들은 합자투자가 단일 팀으로 함께 일하지 않으면 설정한 확장 목표를 달성할 수 없다는 점을 인식하고 있었다. 따라서 이들은 '원 팀One Team'이라고 부르는 작업 흐름을 운영하는 역할을 맡은 소규모 관리자 그룹을 구성했다.

이 그룹은 이제 하나의 팀 정신을 구축하기 위한 다양한 메커니즘을 찾는 구체적인 임무를 부여받았다. 그 가운데 일부 조치에는 팀을 모회사의 합병이 아닌 별개의 단위로 브랜드를 변경하고rebranding, 협력적 행동을 정착시키기 위한 철저한 유도 프로세스를 마련하고, 해당 프로젝트에 특화된 행동 문화를 의도적으로 만드는 일이 포함되었다. 프로젝트가 진행됨에 따라 여러 가지 주요 조치에 대한 정기적인 피드백을 통해 팀의 태도와 압박을 받을 때 부족 행동에 빠지지 않는지를 모니터링했다.

**도구 22**

# 협업의 언어

## 목적

- 본능적인 언어가 일으키는 문제에 대한 인식을 제고한다.
- 팀원들에게 열린 의사소통의 습관을 갖도록 한다.

소요 시간: 45~60분

## 이론

명확하고 개방적인 의사소통은 효과적으로 기능하는 팀의 핵심이다. 팀원들이 서로 대화하는 방식은 서로 신뢰하는 법을 배우는 속도에 근본적인 영향을 미친다. 응집력 있는 팀이 되려면, 팀은 새로운 아이디어를 탐구하고, 어려운 문제를 해결할 자신감을 키워야 한다. 안타깝게도 많은 전문가가 협업에 필요한 중립적인 스타일이 아닌, 통제의 언어를 사용하여, 소통을 단절시킬 가능성이 큰 언어 패턴을 배웠다. 아래 연습은 팀이 언어 패턴의 영향에 대해 더 잘 인식하고, 협업 언어를 장려하기 위해 함께 노력할 계획을 세우는 데 도움이 되도록 고안되었다.

[표 6] 문의형 언어 대 통제형 언어 스타일

| 문의형 언어 language of enquiry | | 통제형 언어 language of control |
|---|---|---|
| 대화 | VS | 토론 |
| 영향력 | VS | 강압 |
| 명확성 | VS | 모호성 |
| 단호성 | VS | 공격성 |
| 열린 | VS | 닫힌 |
| 조정하는 | VS | 몰고 가는 |

# 도구

### 첫 번째 국면

**1단계**. 위의 [표 6]에는 통제 언어 패턴이 아닌 협업 언어 패턴을 설명하는 여러 척도가 나와 있다. 플립 차트에 표를 그린다.

**2단계**. 팀을 한 쌍으로 구성하고, 각 팀에 척도 세트를 하나씩 할당한다. 각 그룹에는 플립 차트 용지나 화이트보드가 있는 공간이 이상적이다. 예를 들어, 대화에서 연상되는 언어의 유형은 무엇이며, 토론에서 사용되는 단어와 구문은 무엇이 다른가?

**3단계**. 그룹에게 10분 동안 각자의 척도에 적용되는 단어나 문구를 최대한 많이 생각해 보라고 요청한다.

**두 번째 국면**

**4단계**. 각 그룹에게 3분 동안, 관찰한 내용을 회의실에 피드백 하도록 요청한다.

**5단계**. 진행자가 각 그룹에서 한 쌍의 사례를 골라, 플립 차트/화이트보드에 적는다.

**6단계**. 그룹 전체에 왜 프로젝트 팀이 통제 언어를 기본 값으로 사용하는 경우가 많다고 생각하는지 토론해 보도록 요청한다.

**7단계**. 그룹에게 통제 언어가 팀 효과성에 미치는 영향이 무엇이라고 생각하는지 물어본다.

**세 번째 국면**

**8단계**. 그룹이 회의에서 이야기할 때뿐만 아니라, 이메일을 사용하여 커뮤니케이션할 때 언어 패턴을 개선하기 위해 어떤 조치를 할 수 있을지 합의한다.

## 기타 생각

1. 열린 언어와 단순히 예의를 갖추기 위한 언어를 구분하는 일은 중요하다. 공손한 언어는 수동적이고 공격적일 수 있으며 그 의미가 모호한 경우가 많다.

2. 협업 언어는 인위적으로 친근감을 주지 않는다. 효과적인 대화에 참여하는 사람들은 자기 생각을 명확하고 정확하게 표현해야 하지만, 결정적으로 상대방도 자신을 표현할 수 있는 공간도 허용해야 한다.

## 도구 23
# 팀 심리측정 프로필 구축하기

### 목적

- 개인의 성격 선호도 또는 동기부여에 대한 이해를 높인다.
- 의사소통 사각지대를 파악하는 데 도움이 된다.
- 팀 간 대화를 개선한다.
- 좋은 팀 만들기를 연습한다.

소요 시간: 선택한 테스트와 이용 가능한 시간에 따라 2~4시간

### 이론

심리측정 테스트는 개인이 설문지를 작성하는 방식으로 진행되며,

그 결과로 개인의 근본적인 정신적 특성과 선호하는 사고방식을 파악할 수 있다. 일부는 유전적이고 일부는 학습된 이러한 요인은 우리의 태도와 행동에 영향을 미친다. 대부분 심리측정 테스트는 개인 계발을 위해 고안되었지만, 팀 구성원들이 서로의 행동을 이해하는 데에도 유용할 수 있다. 팀원들이 선호하는 사고와 행동 스타일의 차이점과 유사점을 모두 인식하는 데 도움이 되는 적절한 테스트 찾기가 중요하다. 진정한 가치는 팀 구성원으로서 사람을 이해하는 가능성을 높이기 위해, 자신의 스타일을 조정하는 방법을 배우면서 의사소통이 개선되는 형태로 나타난다.

시중에는 다양한 심리측정 테스트가 있으며, 많은 회사에서 자체 개발한 시스템을 판매하고 있다. 대부분 퍼실리테이터는 한 번의 테스트에서 자격을 획득하는 데 드는 비용에만 신경을 쓰고, 해당 테스트의 사용을 홍보하는 데 크게 편향되는 경향이 있다. 따라서 선택한 테스트는 개인의 성장이나 채용이 아닌, 팀을 개발하기 위함이라는 사실을 기억하는 게 중요하다. 따라서 아래에 명시된 모든 기준을 충족해야 한다.

- 설문지는 작성하기 쉬워야 한다.
- 테스트는 비교적 저렴한 비용으로 실시할 수 있어야 한다.
- 90분에서 120분 사이의 짧은 워크숍 세션에서 이론과 결과

를 전달할 수 있어야 한다.
- 결과는 나중에 빠르게 기억할 수 있는 하나의 도표로 정리할 수 있어야 한다.

# 도구

**1단계**. 적절한 테스트를 선택한다(자세한 내용은 아래 참조).

**2단계**. 테스트를 진행하기에 적합한 자격을 갖춘 진행자를 찾는다.

**3단계**. 워크숍을 준비한다. 이 워크숍은 의사소통을 개선하기 위한 세션일 수도 있고, 장기간의 팀 빌딩 세션의 일부가 될 수도 있다.

**4단계**. 진행자가 테스트의 이론을 설명하고, 각 개인의 결과를 공개할 수 있도록 준비한다.

**5단계**. 개인별로 자신의 결과를 소화할 시간을 준 다음에, 세션의 중요한 부분인 차이점을 파악하고 토론한다. 이 작업은 쌍으로 시작하여 더 많은 그룹에게 공개할 수 있다. 이 단계는 토론과 비교를 통해 팀이 서로의 차이를 인식하고 소중히 여기기 시작하므로 서두르지 않는다.

**6단계**. 나중에 참조할 수 있도록 모든 팀원을 차트에 맵핑하고, 팀 통합 매뉴얼에 차트를 포함한다(도구 20 참조).

## 기타 생각

1. 일부 심리측정 테스트, 특히 채용과 선발에 사용되는 테스트는 팀 빌딩 활동으로 사용하기에는 너무 개인적이거나 시간이 많이 소요될 수 있다. 따라서 팀원들이 자신과 다른 사람들을 빠르게 인식하게 도와주는 결과를 만드는 더 '가벼운' 시스템 사용을 추천한다. 위에서 언급했듯이, 시중에는 많은 독점적인 테스트가 홍보되고 있지만, 짧은 팀 빌딩 활동에 가장 효과적인 두 가지 '시스템'은 SDI[2]와 Discovery Insights[3]이다.

2. 또 팀 환경에서 개인행동의 영향력을 좀 더 이해할 수 있도록 기성 팀을 돕기 위해 설계된 다양한 팀 진단 도구들이 있다. 예로는, 팀 연결 360 Team Connect 360, 팀 진단 설문조사 Team Diagnostic Survey, 팀 Ei 설문조사 Team Ei Survey 등이 있다. 이들은

모두 공인된 퍼실리테이터가 진행해야 하는 독점적인 시스템이다. 프로젝트 팀 맥락에서 이러한 도구는 어려움을 겪거나, 협업 기반을 다시 구축해야 하는 팀에 더 유용하다.

3. 심리측정 테스트는 어느 정도 신중하게 다루어야 한다는 점을 강조하고 싶다. 심리학자들이 사용하는 특성 기반 시스템을 제쳐 두고, 대부분 심리측정은 개인에 대한 제한된 정보를 제공한다. 위에서 추천하는 가벼운 테스트는 팀이 서로에 대해 더 관대하고 호기심 많은 방식으로 생각하도록 장려하는 데는 좋지만, 행동에 대한 절대적인 예측 변수는 아님을 강조하고 싶다.

---

2) SDI는 Strength Deployment Inventory의 약자로, 엘리아스 포터 박사의 심리 이론을 기반으로 두었다. SDI에는 Core Strength와 Total SDI가 있는데 이 중 Total SDI를 팀 빌딩 등에 사용한다. 유형뿐 아니라 대인관계에 필요한 심리학 이론들을 누구나 알기 쉽게 표현한 교육용 이론 및 도구로, 30개국 이상에서 대인관계 전문교육 도구로 활용되고 있다.

3) Discovery Insights는 칼 융의 심리학에 기반을 둔 심리측정 도구로, 사람들이 자신과 타인을 이해하며 직장에서 자신에게 영향을 미치는 관계를 최대한 활용할 수 있도록 돕기 위해 만들어졌다. 디스커버리 인사이트의 방법론은 간단하고 기억하기 쉬운 4가지 색상 모델을 사용하여 사람들이 자신의 스타일, 강점, 팀에 가져다주는 가치를 이해하는 데 도움을 준다. 이를 컬러 에너지라고 부르는데, 불같은 레드, 선샤인옐로우, 어스그린, 쿨블루에너지의 독특한 조합으로 사람들이 행동하는 방식과 이유를 설명한다. (출처: https://www.insights.com/products/insights-discovery/)

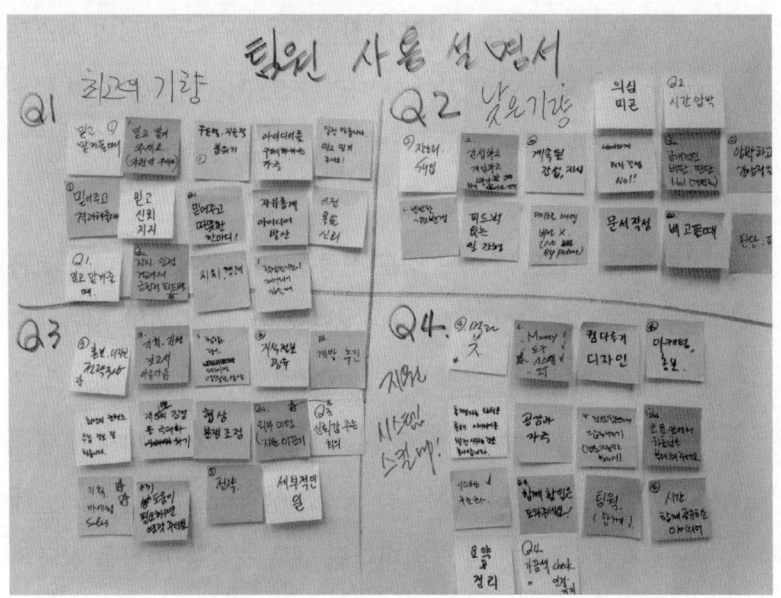

'팀 심리측정 프로필 구축하기' 도구(강점) 적용 사례

도구 24

# 모두가 말하고, 모두가 듣기

## 목적

- 문제 해결을 장려한다.
- 토론의 속도를 높인다.
- 팀의 완전한 참여를 보장한다.
- 외향적인 사람이 토론을 지배하지 않도록 막는다.
- 토론이 의제에 집중할 수 있도록 한다.

소요 시간: 목표 달성에 필요한 만큼

## 이론

회의는 때때로 한 가지 이슈에 대해 논쟁을 벌이는 두세 명의 개인에 의해 주도되는 경우가 많으며, 때로는 개인적 의제를 반영하여 논의의 본질을 벗어나는 경우가 많다. 그 결과 회의가 본래의 목적과 멀어지고 다른 의제에 할당된 시간을 잡아먹는 결과를 초래한다. 토론에 참여하지 않는 팀원들은 지루해하거나, 짜증을 내고 회의에 참여하지 않는 경향이 있다. 의견이 있더라도 외향적이지 않은 팀원은 주눅이 들어 의견 표명을 주저할 수 있다. 한 가지 해결책은 토론에 일정한 구조를 부여하는 데 있다.

## 도구

모든 사람이 참여해야 하는 미팅을 시작할 때, 토론이 다음과 같은 구조로 진행된다고 설명한다.

**1단계.** 모든 참가자에게 문제에 대한 의견을 제시할 수 있는 3분의 시간을 할당한다. 그 시간 동안에는 누구도 방해할 수 없다. 3분 전체를 다 사용할 필요는 없지만, 구조상 모든 사람에게 의견을 표현할 수 있는 시간과 여지를 주어야 한다. 나머지 팀원들은 발표자의 말을 적극적으로 경청해야 한다. 모든 사람이 말하고, 모두가 듣는다.

**2단계.** 모든 사람이 발언한 후, 다른 팀원들은 서로에게 설명을 요청할 수 있지만, 4단계까지 의견 표명은 자제해야 한다.

**3단계.** 이제 회의를 주재하는 사람은 다양한 관점을 압축하거나 요약하여 잠재적 선택지의 장단점을 명확히 파악할 수 있어야 한다.

**4단계.** 이제 의장이 각 팀원에게 잠재적 해결책에 대한 견해를 말하도록 요청한다. 이 과정도 중단 없이 한 번에 하나씩 진행한다.

이 연습을 통해 이제 결정을 내릴 수 있는 경우가 많지만, 문제가 복잡한 경우 한 번 더 표현하고 경청하는 과정이 필요할 수 있다.

## 기타 생각

이 구조는 시간이 오래 걸리는 듯 보일 수 있다. 그러나 지배적인 성격을 가진 사람을 제한하여 토론에서 해결해야 할 문제에 집중할 수 있다. 조용한 팀원을 포함하면 토론의 질이 향상되고 팀 참여도가 크게 향상될 가능성이 크다. 이 기술을 사용해본 관리자들의 피드백에 따르면 놀랍게도 회의가 예상보다 더 빨리 끝나는 경향이 있다고 한다.

이 도구는 낸시 클라인의 저서 『생각하는 시간Time to Think』에서 나왔다. 그녀는 누구나 방해받지 않고 말할 수 있도록 보장해야 한다는 점을 매우 중요하게 생각한다. 그녀의 관찰에 따르면 방해는 우리의 사고 패턴에 매우 파괴적이다. 누군가 끼어들면 우리는 때때로 짜증이 나고 아드레날린이 '발동'하여 새로운 아이디어와의 연결고리를 형성하는 데 방해가 된다. 그녀는 사람들이 자신의 차례가 오고 생각을 마칠 수 있다는 점을 알면, 더 빨리 생각하고 말을 줄인다는 점을 강조한다. 방해가 예상되면 … 이들은 서두르고 정교하게 설명한다. 방해는 사람들이 아이디어를 끝까지 깔끔하게 정리할 수 있도록 하는 일보다 더 많은 시간을 차지한다(Kline, 1999, 109쪽).

도구 11 - 외향적 사고와 내향적 사고도 참조하라.

**도구 25**

# 시스템적인 문제 해결 모델

## 목적

- 문제의 근본 원인을 찾는다.
- 향후 문제를 피하는 방법을 배운다.
- 비난 문화를 발전시키는 경향을 피한다.

소요 시간: 45~60분

## 이론

인간은 본능적으로 문제의 원인을 빨리 찾고자 하는 욕구가 있다.

그 결과, 상황에 영향을 미칠 수 있는 주변적인 문제들은 대부분 무시하게 된다. 개인이나 외부 그룹의 잘못에 책임을 전가하는 결과를 초래한다. 시스템적인 접근 방식을 취하면, 팀이 결론에 도달하기 전에 더 광범위한 질문에 답하도록 한다. 이 도구는 냉정하게 검토하도록 장려하고, 팀이 문제를 일으키는 데 자신의 역할이 있음을 인식하도록 한다.

## 도구

도구는 아래에 설명되어 있다. 질문은 대체로 순차적이지만 고려 중인 문제에 맞게 조정할 수 있다. 또한 질문은 반복적일 수 있으므로, 질문에 대한 답을 찾으려면 이전 단계 가운데 하나를 다시 검토해 볼 수 있다.

**1단계**. 명확성clarity: 진짜 문제인지 확인한다. 그 이면에는 또 무엇이 있나요?

- 사실관계는 무엇인가요?
- 우리의 가정은 무엇인가요?
- 어떤 감정이 판단에 영향을 미칠 수 있나요?

**2단계.** 이해understanding: 지금 무슨 일이 일어나고 있나요? 우리가 인식하지 못한 수면 아래에서 어떤 일이 일어나고 있나요?

**3단계.** 성과outcome: 이제 어떤 성과를 달성하고 싶은가요?

- 가장 좋은 경우는 무엇인가요?
- 가장 나쁜 경우는 무엇인가요?

**4단계.** 선택options

- 우리에게 열려 있는 극단은 무엇인가요?
- 가능한 세 가지 최상의 해결책은 무엇인가요?

**5단계.** 시사점implications

- 어떤 일이 일어날 가능성이 있나요?
- 의도하지 않은 결과가 발생할 수 있나요?

**6단계.** 행동action: 계획을 세우고 실행해보세요.

## 기타 생각

시스템적 사고 systemic thinking는 연습을 통해 습득할 수 있는 습관이다. 문제가 있는 사건에 대한 자신의 감정적 반응과 비난할 사람을 찾으려는 본능을 인식하는 법을 배우는 데에서 출발한다. 비난에 집중하면, 상황을 분석하는 능력과 상황에서 배우는 능력이 모두 제한된다는 점을 기억한다. 일련의 질문을 단계적으로 진행하면, 감정적 온도를 낮추는 데 도움이 되며, 그룹이 더 넓은 시스템을 볼 수 있도록 사고의 폭을 넓힐 수 있다.

## 도구 26

# 누가 바보 역할을 연기할까?

### 목적

- '나침반의 모든 지점'에서 팀의 행동을 관찰하는 역할을 맡을 사람을 팀에 배치한다.
- 팀이 미션에 집중할 수 있도록 한다.
- 팀이 다양한 관점에 대해 생각하도록 돕는다.
- 팀이 '집단 사고'를 피하고, 다른 대안을 모색하도록 독려한다.

소요 시간: 끝날 때까지

## 이론

'바보' 역할은 인류 역사상 많은 사회에서 사용됐다. 아즈텍, 로마인, 북미의 다코타 인디언 부족 등 다양한 문화권에서 바보 역할을 확인할 수 있다. 아마도 가잘 알려진 작품 가운데 하나는 리어왕에 나오는데, 셰익스피어는 바보 캐릭터를 사용하여 보복에 대한 두려움 없이 왕에게 진실을 이야기하게 한다.

팀 맥락에서 바보 역할은 다른 관점을 유지하고, 다른 렌즈로 팀을 보는 데 있다. 이러한 관점은 팀 내부와 외부 모두를 반영하며, 팀이 무엇을 하겠다는 말이 아니라, 팀의 행동을 기반으로 효과적으로 팀을 살펴보게 한다. 팀 관련 데이터를 수집한 뒤, 보고 들은 내용을 피드백하는 외부 컨설턴트가 이 기능을 수행하기도 한다. '팀 바보' 역할이 다른 점은 팀 행동의 밝은 면과 어두운 면을 모두 관찰하고, 이에 대한 의견을 제시하는 데 있다.

이는 도전을 원하지 않는 동질적인 팀에서는 효과가 없을 수 있는 비정통적인 접근 방식이다. 그런데도 이 역할은 학습하고 발전하고자 하는 팀을 도울 수 있는 잠재적 가치가 있는 기법이다.

## 도구

팀 바보의 역할을 정립하는 과정은 비교적 간단하면서도 매우 복잡할 수도 있다. 누군가가 주기적으로 팀 구성원들을 불편하게 만드는 임무를 맡는 데 대해 팀이 어떻게 느끼는지에 따라 달려있다. 팀 리더는 먼저 팀 바보의 역할, 이점과 잠재적인 도전 과제에 대해 설명해야 한다.

그렇다면 핵심 질문은 실제로 어떻게 작동하는가이다. 이는 누가 팀 바보 역할을 맡느냐에 따라 달라지며, 여기에는 세 가지 잠재적 선택지가 있다.

**선택지 1.** 한 개인이 임무 기간에 팀과 함께 일하도록 임명되지만, 아마도 시간제로 일하게 된다. 따라서 그 사람은 팀의 일원으로 간주되지만, 기술적인 역할이 없으므로 반드시 팀 '내부'에 있다고 여겨지지는 않는다. 팀은 공격을 두려워하지 않고, 자신이 본 내용을 말할 수 있는 개인에게 자격을 부여한다. 팀 바보에게는 직접적인 권한이 없으며, 관찰한 내용에 따른 행동 결정은 팀과 팀 리더에게 맡겨야 한다.

**선택지 2.** 또 다른 대안은 팀 내부에서 팀 바보 역할을 할 자원봉사자 한 명을 지정하여 추가 역할을 맡기는 방법이다. 인간은 분신alter egos을 채택하는 데 매우 능숙하며, 어려운 메시지를 전달하기 위해 누군가가 다른 페르소나를 채택하는 행위가 더 넓은 그룹에서 받아들여지는 경우가 많다. 팀에게 '바보가 이 상황을 어떻게 생각할까요?'라고 물어보는 게 좋은 질문이 될 수 있다. 이렇게 하면 지목된 바보(또는 팀의 다른 사람)는 내외부 관점 모두에서 자기 생각과 관찰한 바를 표현할 기회를 얻게 된다.

**선택지 3.** 3장에서 논의한 바와 같이, 팀이 강력한 팀 역동성을 내장하고 유지하기 위한 프로세스와 프랙티스를 마련하도록 돕는 데 능숙한 기술을 가진 외부 팀코치의 역할에 관한 관심이 점점 커지고 있다. 이 역할은 실제로 팀 바보에게 요구되는 활동을 수행하기에 매우 적합하다.

## 기타 생각

이 개념에 관심이 있다면 데이비드 퍼스David Firth와 앨런 리Alan Leigh가 쓴 『기업 바보The Corporate Fool』(2010)라는 책에서 더 많은 생각과 관찰을 찾아볼 수 있다.

## 도구 27
# '그래서 뭐?' 의견 제시자

## 목적

- 모든 논의가 팀의 목표에 집중되도록 한다.
- 회의와 워크숍이 합의된 일련의 조치로 마무리되도록 보장한다.

소요 시간: 개방형

## 이론

회의는 원래의 목적이나 의제에서 벗어나는 경향이 있다. 때때로 이전에 다루지 않은 새로운 영역을 탐색하는 팀에게 특히 문제가 된다. 더 나은 의사소통을 장려하거나 새로운 사고방식을 끌어내는 워크숍은 팀에게 매우 짜릿할 수 있다. 그러나 새로운 아이디어와 약속이 일련의 행동으로 발전하지 않는다면 그러한 이벤트에 대한 투자는 낭비가 된다.

팀이 오프 사이트 휴양지에서 이틀을 보내며 함께 훌륭한 작업을 하다가, 직장으로 돌아오자마자 원래의 프로세스와 행동으로 돌아가기는 드문 일이 아니다. '그래서 뭐so what?' 의견 제시자monitor의 목적은 팀의 토론에 대한 현실 점검 역할을 하고, 팀을 앞으로 나아갈 수 있는 실용적인 일련의 행동으로 이어지도록 하는 데 있다.

'그래서 뭐?' 질문의 좋은 예는 다음과 같다.

1. 그래서 뭐? 그 점이 우리의 목표와 어떤 관련이 있을까요?
2. 그래서 뭐? 우리는 그 경험에서 무엇을 배웠나요?
3. 그래서 뭐? 우리는 그 아이디어로 무엇을 할 수 있을까요?

이러한 질문은 토론을 프로젝트나 이니셔티브 요구 사항으로 되돌리는 데 도움이 된다. 따라서 이 역할은 팀의 비전 및 목적과 명확한 연결을 유지해야 한다. 명확한 비전 '그래서 뭐?' 의견 제시는 대부분 '그래서 무엇' 질문에 답하는 데 도움이 되는 고정된 기준점 또는 '북극성guiding star'을 제공한다(도구 10 및 도구 27 참조).

## 도구

**1단계.** 그 역할을 하려면 해당 역할을 맡은 사람이 토론과 토론이 전개됨에 따라 주기적으로 여러 가지 '그래서 뭐so what?' 질문을 해야 한다고 팀에 설명한다.

**2단계.** 회의/워크숍을 시작할 때 누군가에게 '그래서 뭐?' 의견 제시 역할을 맡아달라고 부탁한다.

**3단계.** '그래서 뭐?' 질문은 짧은 시간 동안 합의된 조치에 동의하고 기록할 수 있어야 하는 모든 세션이 끝날 때 사용된다.

**4단계.** 워크숍/회의가 끝나면 '그래서 뭐?' 의견 제시가 작업 목록을 실행하여 회의에 참여하는 모든 사람이 미래에 일어날 일과 합의된 변경 사항에 대해 생각할 기회를 얻는다.

## 기타 생각

'그래서 뭐?' 의견 제시자는 모든 사람이 팀 안에서 해야 하는 순번제 역할이다. 시간이 지남에 따라 그룹은 훨씬 더 집중된 방식으로 생각하는 법을 배운다.

단순히 어렵게 하려고 하는 바가 아니라 지원하는 역할로 간주하여야 한다. '그래서 뭐?' 질문은 팀의 생각을 닫기 보다는 열어주기 위함이다. 질문하는 어조는 통제하기보다 질문하는 어조로 해야 한다(도구 22 참조).

## 도구 28
## 회의 전략 합의

### 목적

- 회의에 소요되는 시간을 최대한 활용한다.

소요 시간: 30분

### 이론

팀은 주기적으로 함께 모여 소통하고, 문제를 논의하고, 조치를 합의해야 한다. 좋은 회의는 팀에 활력을 불어넣어, 방향을 제시하고, 다음 단계로 나아갈 수 있는 길을 열어준다. 반면에, 제대로 구조화되지 않은 회의는 좌절감과 참여도 저하로 이어질 수 있다. 나쁜 회의의 특징 가운데 하나는, 너무 많은 이질적인 항목으로 의제를 과도하게 채우는 경향이 있다는 데 있다.

[표 7] 회의 전략 안내

| 회의 유형 | 회의의 성격 | 결과물 사례 |
| --- | --- | --- |
| 진행 상황 공유 | 정기적이고, 짧고, 정확 | 간결한 회의록 |
| 기술 | 임시 – 팀 전체가 참여해서는 안 되는 경우 | 기술적 진행 또는 진전 |
| 문제 해결 | 창의적 – 다양한 통찰을 제공할 수 있는 팀원을 포함해야 함 | 명확한 결정 후 실행 |
| 전략 | 정기적 – 탐색적 | 조정된 프로젝트 실행 계획 |
| 학습 | 성찰적 | 서면 요약과 변경에 대한 동의 |

프로젝트 초기 단계에서 팀과 회의 구조를 합의하면, 좋은 회의를 운영할 가능성을 높일 수 있다. 위의 표에는 몇 가지 일반적인 회의 유형이 나와 있다. 이 목록은 포괄적이지 않으며, 추가하고 싶은 다른 유형이 있을 수 있다. 미리 회의 구조를 합의하면, 어려운 시기에 팀이 어떻게 모일 수 있는지 원칙을 이해하고, 필요에 따라 스스로 조직화할 수 있다.

회의 유형 분석은 적절한 의제를 구성하는 데 도움이 될 뿐만 아니라, 누가 참석해야 하는지 결정하는 데도 도움이 된다.

## 도구

**1단계**. 위 표를 복사하여 사용한다.

**2단계**. 다음 회의 전에, 팀원에게 목록의 사본을 제공하고, 팀에 필요하다고 생각하는 회의 유형에 대해 생각해 보도록 요청한다.

**3단계**. 회의에서 회의 전략 개발에 대한 의견을 제시하고, 최대한 효과적인 회의를 만드는 방법에 관해 팀과 논의한다.

**4단계**. 전략에 동의한 후, 결론을 작성하고 팀 통합 매뉴얼(도구 20)에 포함한다.

## 기타 생각

대부분 프로젝트 팀에서 가장 큰 불만 가운데 하나는 회의에 너무 많은 시간을 소비한다는 점이다. 실제로는 자신의 기여가 필요하지 않거나, 심지어 요청하지도 않은 잘못된 유형의 회의에 참석하는 경우가 많다는 뜻이다. 패트릭 렌치오니Patrick Lencioni가 '회의 스튜meeting stew'(역자 주: 요리에서 모든 재료를 다 넣고 최선을 다하고자 하는 비유에 해당한다. 한 번의 회의에서 모든 사람을 만족하게 하려면 누구에게도 어떤 도움도 되지 않을 가능성이 매우 크다.)라고 묘사한 함정에 빠지기 쉽다 (Lencioni, 2004). 이는 회의 시간 사용에 대한 다목적 접근 방식으로, 모든 종류의 이슈가 의제에 추가된다. 일반적인 예를 들자면, 모든 사람이 참석해야 하는 진행 회의가 설정된다. 이 이벤트는 짧은 업데이트 세션에 그쳐야 하지만, 한 시간이 지난 뒤에도 팀원 두 명이 다른 팀원들과는 거의 관련이 없는 이슈에 대해 논쟁을 시작하면서 회의가 계속 길어진다. 회의에 대한 구조화된 접근 방식을 사용하면, 해당 문제를 적절한 세션에서 다루어야 한다는 근거로 토론을 중단할 수 있다.

회의에 참석하는 사람이 늘어날 때마다, 논의 중인 각 이슈에 대한 결론에 도달하는 데 걸리는 시간이 기하급수적으로 늘어난다는 점을 기억한다. 따라서 항상 "모든 사람이 정말 여기에 참석해야 하는가?"라는 질문을 자신에게 던져본다.

## 도구 29
## 코끼리 식별하기

### 목적

- 팀의 업무 수행 능력에 영향을 미치는 암묵적 또는 무언의 문제를 식별하고 완화한다.

소요 시간: 코끼리의 크기에 따라 60~90분 정도

### 이론

'방 안의 코끼리'는 일반적으로 그룹이나 팀의 행동에 영향을 미치지만 아무도 논의하고 싶어 하지 않는 문제나 상황을 의미한다. 이 문제는 불확실성, 당혹감 또는 잠재적인 갈등의 원인이 될 수 있다. 또한 의사 결정과 팀워크에 미치는 영향이 상당히 크다는 점에서 코끼리만큼 큰 문제이기도 하다. 팀에서 만든 암묵적 또는 무언의 사회적 규칙에 따라 해당 문제를 언급하지 않아야 하는데, 왜냐하면 이는 팀 결속력에 위협으로 인식되기 때문이다. 때때로 코끼리는 팀 내 또는 영향력 있는 이해관계자와의 관계와 연관된다. 그러나 이 문제가 팀의 목표 달성에 방해가 된다면 반드시 해결해야 하며, 팀 구성원들이 이에 대해 이야기하도록 장려해야 한다.

## 도구

**1단계.** 상황을 평가하고 팀의 역동성에 영향을 미치는 무언가가 있는지 감지한다. 이는 특정 회의에서 느껴지는 특별한 무엇일 수도 있고 일반적인 불편함일 수도 있다.

**2단계.** 팀 구성원 한두 명과 함께 감지하고, 진짜 문제인지 확인한다.

**3단계.** 문제에 대한 인식이 높아졌다면, 해당 주제에 어떻게 접근할지 생각해 본다. 사안이 특히 민감한 경우, 다른 사람들이 준비되지 않은 상태에서 해당 사안에 관한 토론의 시작은 잠재적인 위험이 있을 수 있다. 대화를 어떻게 이끌어 갈지 계획해야 한다.

**4단계**. 적절한 기회에 문제를 제기한다. 논의되지 않는 문제가 있고, '방 안의 코끼리'가 있을 수 있다고 감지되는 대목에서 문제를 제기할 수 있다.

**5단계**. 팀에게 미션과 비전의 중요성을 상기시킨다. 그런 다음 팀원들에게 '현재 우리가 이야기해야 하지만, 무시하고 있는 점은 없습니까?'라고 질문한다.

**6단계**. 팀이 의견을 말할 수 있을 만큼 충분히 안전하다고 느끼는 정도에 따라 응답이 결정된다. 신뢰가 낮은 팀에서는 응답이 거의 없거나 전혀 없을 수 있다. 토론을 시작하기 전에 팀 구성원 중 한 명이 먼저 발언하여 토론이 시작되게 하는 게 도움이 될 수 있다. 또는 '우리가 XXX에 대해 이야기하지 않는다는 점을 알았는데, 이유가 무엇일까요?'라고 말하여 대화를 진전시킬 수도 있다.

**7단계**. 해당 문제에 대해 어떤 형태로든 토론을 자극했다는 가정하에, 이제 '이 문제가 더는 방해가 되지 않도록 하려면, 어떻게 해야 할까요?'라는 질문을 중심으로 토론을 마무리해야 한다.

## 기타 생각

물론 여러분이 '코끼리'이거나 코끼리와 어떤 식으로든 연관되어 있을 가능성도 있다. 팀 리더는 팀 역동에 근본적인 영향을 미치며, 여러분의 접근 방식이나 스타일이 팀에 적합하지 않을 수 있다. 팀 구성원들이 이에 대해 논의할 수 있는 메커니즘이 부족하다면, 팀원들이 그룹에서 공개적으로 이야기할 가능성이 작다.

따라서 팀에게 당신의 리더십 스타일과 프로젝트 관리 접근 방식에 대한 피드백을 요청할 것을 추천한다. 문제가 발생하고 있다고 의심되는 경우, 팀 구성원에게 외부에서 관리하는 360도 피드백 프로세스를 실행해 보자고 요청해보자. 이 프로세스의 결과는 익명의 형태로 피드백이 가능하므로, 더 솔직한 평가를 유도할 수 있다.

피드백이 중요한 경우, '불신' 단계에 갇히지 않고 초기 불편함을 극복할 수 있도록 도구 35에 설명한 대로 충격 주기를 진행해보자. 준비되면 접근 방식을 조정할 전략을 결정해야 한다. 이를 위해서는 어느 정도의 용기와 유연성이 요구된다. 팀장이 팀 비효율성의 원천임을 인식하고 이에 대한 조처를 함으로써 프로젝트가 전환된 사례를 많이 봐왔기 때문에 인내할 가치가 있다.

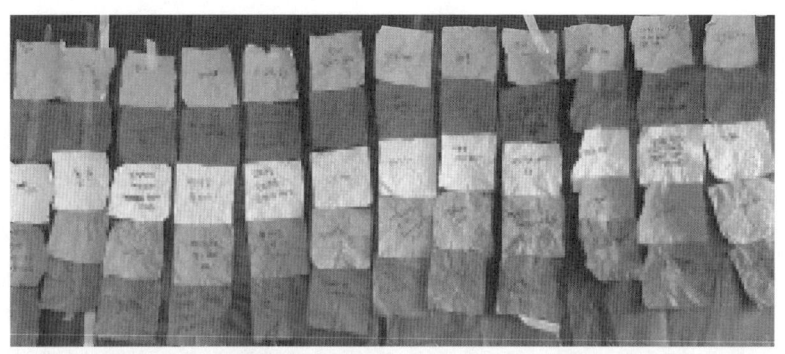
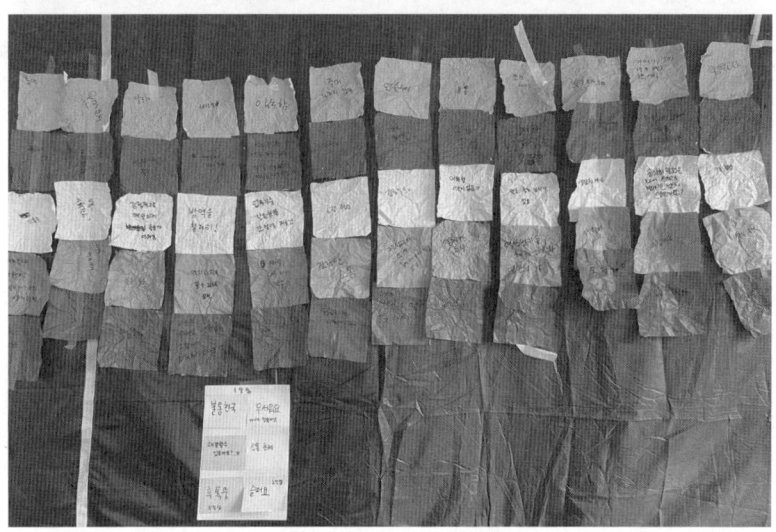

'코끼리 식별하기' 도구(스노우 볼) 적용 사례

## 도구 30
## '여분의 의자'의 지각적 위치

### 목적

- 문제 또는 문제에 대한 추가 관점을 찾는다.
- 팀 구성원의 정신 필터를 확장한다.
- 방에 있지 않은 사람/조직에서 비롯된 것으로 인식되는 관점이나 우려 사항을 명확히 한다.

소요 시간: 10분

### 이론

여러 가지 옵션과 결과가 있는 복잡한 문제를 고려할 때 제삼자의 관점을 고려하는 일은 매우 유용할 수 있다. 그러나 프로그램을 계속 진행하기 위해 신속하게 결정을 내려야 하고 제삼자의 도움을 받을 수 없는 경우에는 비현실적일 수 있다.

한 가지 대안은 팀원에게 회의실에 없는 영향력 있는 이해관계자의 페르소나를 채택하도록 요청한 다음 어떻게 생각하는지 묻는 방법이다. 인간은 놀랍게도 자신의 성격에서 벗어나, 일시적으로 자신이 알고 있거나 알고 있다고 상상하는 사람의 사고방식을 취하는 데 능숙하다. 물리적으로 위치를 변경하면 더 쉬워진다.

대리자는 때때로 해당 문제와 관련된 주요 관점을 빠르게 활용할 수 있고, 이전에 토론에 포함되지 않은 문제에 대한 통찰력을 제공할 수 있음을 알게 된다.

## 도구

**1단계**. 회의에 참석하지 않은 사람들과 관련된 어려운 문제를 논의할 때 여분의 의자를 찾아서 회의 테이블에 놓는다.

**2단계**. 그 의자에 앉아 있는 사람은 이해관계자/후원자/사용자를 대표한다고 팀에 설명한다.

**3단계**. 다른 사람에게 잠시 자리를 바꿔달라고 요청하여 해당 의견에 도움이 될 만한 인물이나 그룹을 임시로 채택한다.

**4단계**. 이후, 그 문제에 관해 이야기하거나, 그 사람이나 그룹의 관점으로 토론하도록 요청한다.

**5단계**. 마치고 나면, 대리자에게 다시 자신의 자리에 앉도록 요청한다.

**6단계**. 팀이 그 존재를 알 수 있도록 나머지 토론 동안 의자를 테이블에 둔다.

## 기타 생각

'지각적 위치perceptual position'를 만든다는 개념에 익숙하지 않다면 다소 생소하게 느껴질 수 있다. 한번 시도해보기를 바란다. 의자에 앉은 사람이 다른 사람 또는 전체 조직의 사고 패턴과 관점을 채택할 수 있다는 사실에 놀랄 수 있다.

## 도구 31
## 이해관계자 지원 구축

### 목적

- 영향력 있는 이해관계자의 지원을 구축하고 유지한다.

소요 시간: 60분

### 이론

팀 성과에 관한 연구는 팀이 잘 구성되고 효과적으로 협력할 수 있는데도, 목표를 달성하지 못하는 일관된 문제를 강조한다. 프로젝트와 이니셔티브는 항상 후원자와 이해관계자 그룹의 지원이 필요하다. 이는 자원의 형태일 수도 있고, 단순히 작업을 완료하는 데 필요한 정보에 대한 접근 권한 얻기(얻는 것일)일 수도 있다. 데보라 아르코나Deborah Arcona와 동료들(2002)은 추진력momentum을 유지하는 데 필요한 내외부 자원과 연결할 수 있는 팀과, 그렇지 않은 팀이 달성한 결과의 차이를 확인했다.

위로부터 관리하고 필요할 때, 영향력을 사용하는 프로세스이다. 이는 평면 매트릭스flat matrix 관리 구조를 가진 조직에서 특히 중요하다. 이해관계자 커뮤니케이션과 관리 계획은 프로젝트 관리에 필수적이며, 잘 이해하고 있는 구성 요소이다. 그러나 진정한 참여를 위해서는 개인적인 관계를 중심으로 참여 계획을 수립하면 좋다.

프로젝트 주기가 진행됨에 따라, 더 많은 자원과 시간이 필요하거나, 조직이 프로젝트에 계속 전념할 수 있도록 해야 할 때가 있다. 아르코나Arcona의 연구 결과에서 알 수 있듯이, 여러분과 팀이 노력의 지지자로 유지해야 하는 사람들과 좋은 관계를 유지해야 한다. 각 팀원에게 홍보대사 역할을 맡겨, 자신이 지명한 이해관계자와 정기적으로 소통하도록 요청하는 것도 한 가지 방법이다.

홍보대사의 역할은 팀의 진행 상황에 영향을 미치거나 관심이 있는 이해관계자에게 팀의 이익을 홍보하는 일이다. 실제로는 이해관계자의 구체적인 우려 사항을 파악하고, 진행 상황에 대한 정보 제공을 의미한다. 목표는 모든 주요 이해관계자가 미션$^{mission}$의 적극적인 지지자가 되도록 하는 데 있다. 이는 프로젝트가 압박받고, 추가 자원이나 정보가 필요할 때 특히 중요해진다.

## 도구

**1단계**. 팀원들에게 홍보대사 역할의 개념을 소개한다.

**2단계**. 팀원들에게 홍보대사 역할이 어떤지 물어본다.

**3단계**. 관련된 활동, 기대되는 결과, 그에 따른 책임을 명시한 역할 구체화를 작성한다(도구 9 참조).

**4단계**. 팀원들에게 조직 안팎에서 영향력을 행사해야 하는 사람을 파악하는 데 도움을 요청한다.

**5단계**. 관계를 구축하거나 유지하는 데 가장 적합한 각 구성원에게 관계를 할당한다.

## 사례 스토리

대규모 다국적 조직에서 자신이 이끌고 있는 지식 관리 이니셔티브를 어떻게 성공적으로 수행했는지 이야기하는 한 여성을 인터뷰했다. 이 이니셔티브는 전 세계 지역 그리고 부서 리더들의 지원이 필요했으므로, 동원하는 데 오랜 시간이 걸렸다. 조직의 전문성과 경험에 대한 전체 데이터베이스를 구축하여 얻을 수 있는 잠재적 이점은 상당했지만, 성공을 위해서는 연구, 시스템 설계 그리고 커뮤니케이션에 시간을 투자해야 했다. 이 여성은 일부 고위 관리자들이 평소와 같이 비즈니스에 집중하게 되면서, 상호 교류가 단절될 위험이 항상 존재한다는 사실을 알고 있었기 때문에, 이들의 적극적인 지원을 유지하기 위한 시스템을 구축했다. 이 팀은 전 세계의 조사 전문가와 지식 관리자로 구성되어 있었다. 따라서 일선 관리자와 리더에게 정기적으로 업데이트를 제공하는 데 필요한 정보 제공 시간을 마련했고, 이들이 글로벌 데이터베이스에 접근하여 얻을 수 있는 이점을 설명하는 데 주력했다. 이러한 전략은 조직이 비용 절감 프로그램을 진행하면서, 다른 프로그램이 중단되거나 취소되는 상황에서 프로젝트가 폐기되지 않도록 하는 데 도움이 되었다고 믿었다.

# 7장
# 회복탄력성을 위한 도구

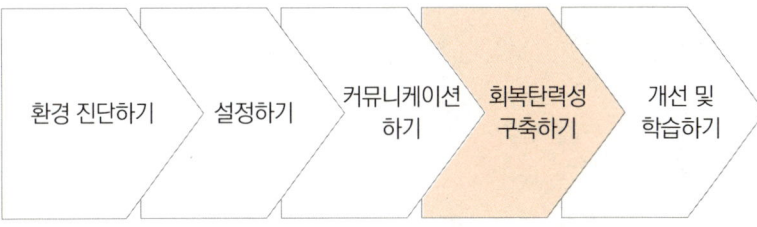

[그림 2D] 팀코칭 모델: 회복탄력성 구축하기

**도구 32.** 리셋 버튼 누르기

**도구 33.** 회복탄력성 온도 측정하기

**도구 34.** 건설적인 도전 과제

**도구 35.** 곤란한 뉴스에 대처하는 방법

**도구 36.** 결함 없는 갈등관리와 '사악한 천재'

**도구 37.** 울타리와 움푹 팬 구멍

**도구 38.** 사전 조사

**도구 32**

# 리셋 버튼 누르기

## 목적

- 효과적으로 일하지 못하고 행동 규범을 재설정해야 하는 팀을 위한 구조를 제시한다.

소요 시간: 종일 워크숍

## 이론

'리셋 버튼 누르기 pressing the reset button'는 역기능적 행동의 진행을 중단하고 다시 시작하라는 유용한 비유적 표현이다. 일반적으로 팀의 상호 행동이 기본적으로 거래적인transactional 행동으로 바뀌고, 협업과 의사소통이 산발적으로 이루어질 때 리셋이 필요하다. 이러한 상황은 초기 팀 개발의 주요 단계 일부를 놓치거나, 급하게 진행했기 때문에 빈번하게 발생한다. 리셋 프로세스는 팀이 무엇이 잘못되었는지, 그리고 프로젝트를 완료하기 위해 더 강력하고 효과적인 팀을 다시 만들려면 지금 무엇을 할 수 있는지 그룹 토의를 장려하기 위해 고안되었다.

## 사전 작업

일부 초기 조사 작업을 수행하면 좋다. 이를 위해서는 팀의 핵심 구성원들 각자와 대화를 통해 프로젝트에 대한 각 개인의 관점과 역기능적 환경이 조성되는 데 어떤 일이 일어났는지(또는 일어나지 않았는지)를 이해하는 과정이 필요하다. 상황에 따라 독립적인 평가자 역할을 수행할 수 있는 숙련된 퍼실리테이터 섭외가 유용할 수 있다.

워크숍 구조는 워크숍 인터뷰 결과에 따라 달라질 수 있지만, 크게 성찰reflection, 재발견resurrection, 회복탄력성resilience의 세 단계를 중심으로 구성한다.

## 도구

### 국면 1: 성찰

**1단계**. 그날의 그라운드 룰을 정한다.

- 책임 전가 금지
- 모든 사람이 발언해야 하고 모든 사람에게 발언할 기회 부여하기
- 다른 사람에 대해 이야기하지 않기
- 새로운 사고방식에 개방하기
- 성찰하기
- 논쟁(여러 가지 반대되는 견해 중 하나만 옳을 수 있다는 가정)이 아닌 대화(의견 교환)를 중요시

**2단계**. 현실 점검 - 왜 우리가 여기 모였나요? 팀 리더 또는 진행자가 지금까지의 프로젝트 개요를 제시하고, 집단적 실패의 영역과 프로젝트에 대한 시사점을 설명한다. 적절한 경우, 예비 조사에서 수집한 데이터를 팀에 다시 피드백한다.

이 시점에서는 순전히 행동 변화의 필요성을 확인하는 데 초점

을 맞춰야 한다. 팀 내부 또는 외부의 개인이나 그룹에 책임을 전가하지 않도록 해야 한다. 다음 단계로 넘어가기 전에 '다른 접근 방식이 필요하다는 데 동의하십니까?'라는 질문에 대해 명확하고 모호하지 않은 답변이 있어야 한다. 모든 사람이 구두 동의가 중요하다. 필요한 경우 개개인에게 차례로 질문에 대한 답변을 요청한다.

**3단계.** '어떻게 이 지경에 이르렀나요?' 이 단계에서는 '그래서 무슨 일이 일어났고, 내 역할은 무엇이었나요?', '현재 우리가 처한 상황에 대해 어떻게 느끼나요?' 등의 질문이 중심이 되어야 한다.

그룹이 사실과 감정을 구분하도록 장려한다. 이는 팀이 빨간 모자와 하얀 모자 사고를 사용하여, 두 차례의 토론에 참여하여 진행할 수 있다. 첫 번째 라운드에서는 모든 사람이 가상의 흰색 모자를 쓰고 관련된 사건의 사실에 관해서만 토론해야 한다. 이 라운드에서는 감정을 표현해서는 안 된다. 두 번째 라운드에서는 모두가 가상의 빨간 모자로 바꾸고, 상황에 대해 어떻게 느끼는지 이야기하도록 권장한다. 다시 한번, 모든 사람이 기여할 수 있도록 허용해야 한다(도구 24 참조).

세션은 '나머지 팀 구성원이 실패한다면 성공할 수 있는 사람이 있나요?'라는 질문으로 마무리할 수 있다.

## 국면 2: 재발견

**4단계.** '더 나은' 팀이란 어떤 모습일까요? 다음 세션에서는 팀이 효과적인 팀의 일부가 될 수 있는 가상 특징을 식별해야 한다. 아직은 현재 팀의 문제를 해결하려고 시도하는 건 아니다. 그 대신 팀 구성원들에게 더 넓은 잠재적 아이디어 풀을 탐색하도록 요청한다. 일부 답은 뻔해 보일 수 있지만, 빠른 해결책을 찾으려는 유혹을 피해야 한다. 모든 팀원이 자신에게 좋은 팀이 어떤 모습인지에 대해 발언권을 갖는 것이 정말 중요하다. 팀을 두 그룹으로 나누고 플립차트를 중심으로 일련의 아이디어를 발전시키는 방법도 좋다.

또 다른 매우 강력한 도구는 그룹에게 과거에 팀이 잘 협력했던 프로젝트를 생각하도록 요청하는 스토리텔링 기법의 사용이다. '어떤 일이 일어났으며, 팀은 그 이야기에서 무엇을 배울 수 있을까요(도구 12 참조)?'

**5단계.** '목표를 달성하려면 무엇을 바꿔야 할까요?' 각 팀원에게 몇 분 동안 앞으로의 과제를 완수하는 데 있어 가장 큰 어려움이 무엇이라고 생각하는지, 그리고 각자의 역할을 성공적으로 수행하기 위해 팀 구성원들이 무엇을 도와줄 수 있는지 적어보라고 요청한다.

그런 다음 테이블에 둘러앉아서 팀 구성원들이 다른 팀원에게 방해받지 않고 차례로 자기 생각을 설명한다. 세션은 각 팀 구성원이 들은 내용과 앞으로 어떻게 다르게 할 수 있을지 생각해 보는 순서로 마무리한다.

**6단계**. 새로운 참여 규칙에 동의한다. 이제 팀은 당일의 결과와 다른 형태의 모범 사례를 바탕으로 공식적인 참여 규칙을 정해야 한다. 참여 규칙은 프로젝트 회의와 그룹 외부에서 일대일 방식으로 이루어지는 팀 상호작용의 품질과 효과성을 개선하기 위해 고안되었다(도구 13 참조).

## 국면 3: 회복탄력성

**7단계**. 미래의 압력 예상하기. 이 세션은 프로젝트 또는 이니셔티브가 완료될 때 나타날 수 있는 다음 압박 요인을 예상하는 것으로 마무리한다. 잠재적인 문제를 파악한 후 팀이 답해야 할 질문은 '이러한 문제가 발생했을 때 팀으로서 어떻게 대응할 것인가요?'이다. 이 메커니즘은 팀이 워크숍에서 배운 내용에 대해 생각하도록 장려하는 방법이다. 더 중요한 점은 팀의 역동이 나쁜 행동으로 되돌아가기 시작할 때 사용할 수 있는 프로토콜의 설정이다.

## 기타 생각

1. 성공적인 리셋을 위해서는 팀원 전체가 현재 팀 환경이 제대로 작동하지 않는다는 사실을 인정해야 한다. 한 개인이나 그룹이 문제가 있다는 사실을 받아들이지 않으면, 연습은 실패할 가능성이 크다. 특정 개인 사이에 강한 개인적 반감이 있는 경우, 팀에서 한두 명을 제외해야 할 수도 있다. 이는 어려운 결정이지만, 개인 간 갈등은 일반적으로 큰 노력 없이는 해결하기가 매우 어렵다.

2. 이는 팀의 행동과 프로젝트 재참여에 관한 워크숍이다. 상업적인 문제를 다루는 데 사용해서는 안 된다. 팀원 가운데 클라이언트/후원자 또는 팀원들 사이에 중요한 금전적 논쟁이 있는 경우, 보류하고 이를 다른 곳에서 미리 파악해야 한다.

3. 워크숍은 외부에 있는 편안한 환경에서 진행하는 것이 이상적이다. 성공 열쇠는 팀이 성찰하고 이야기할 시간을 갖는 데 있다. 이 프로세스는 각 단계를 진행하려면 실제로 하루 종일이 걸린다. 더 짧은 시간으로 압축하면 효과가 떨어진다.

4. 테이블에는 진행자를 포함하여 8명 이하가 이상적이다. 이 프

로세스는 더 많은 사람과 함께 진행할 수 있지만 토론의 역동 관계는 더 어렵다. 대규모 프로젝트의 경우 모든 주요 당사자가 참석해야 하며, 워크숍에서 합의된 새로운 규칙이 하위 팀을 통해 계단식으로 적용될 수 있도록 하는 권한 부여가 필수적이다.

## 도구 33
# 회복탄력성 온도 측정하기

## 목적

- 팀이 압박받고 있을 때 스트레스에 관한 토론을 유도한다.
- 팀원들에게 자신이 겪고 있는 압박감을 표현할 기회를 제공한다.
- 팀원들이 다른 팀원들의 역할 수행에 방해가 될 수 있는 스트레스를 인식할 수 있도록 한다.

소요 시간: 10~20분

## 이론

모든 대규모 프로젝트는 프로그램의 어느 단계에서 압박받을 가능성이 크다. 프로젝트가 복잡할수록 범위, 후원자 지원, 자원 등의 변경 가능성이 커진다. 하루 중 깨어 있는 시간 동안 할 수 있는 일보다 더 많은 일을 끊임없이 해야 한다는 점에서 스트레스는 많은 직장인에게 '정상 상태'가 되었다. 그러나 프로젝트가 압박 시기로 접어들면, 추가 업무량 때문에 팀원들의 불안감이 높아질 수 있다. 이는 비생산적일 수 있다. 문제는 팀이 잠시 멈춰서 스트레스를 인식하고 문제를 명확히 파악하도록 장려하는 메커니즘을 찾는 데 있다. 압박이 반드시 나쁜 것만은 아니다. 마감 기한과 어려운 문제는 때때로 팀을 하나로 묶는 메커니즘이 될 수 있다. 그렇지만 과도한 압박을 받는 팀은 쉽게 무너질 수 있다. 이 도구를 통해 팀 리더는 탈선derailment을 방지하고, 팀 내 유대를 강화하는 데 도움이 될 토론을 시작할 수 있다.

## 도구

**1단계**. 팀 회의를 시작할 때(또는 특히 난항을 겪었던 회의의 휴식 시간이 끝난 후) '팀의 회복력을 측정하기 위해' 잠시 안건을 일시 중지하겠다고 팀원들에게 알린다.

**2단계.** 팀원들의 반응에 대해 생각하는 동안 온도계에 표시하거나, 작품이 너무 어렵다고 생각되면 플립 차트에 선을 그린다.

**3단계.** 1점부터 10점까지 점수를 매길 때 "지금 이순간 얼마나 회복력이 있다고 느끼나요?"라고 질문한다.

**4단계.** 솔직하게 답변할 가능성이 가장 크다고 생각하는 팀원부터 시작하여 테이블을 돌아다니며 각 팀원이 차례로 말할 수 있도록 한다. 팀원들의 점수가 5점 이하인 경우, 왜 오늘 기분이 좋지 않은지 물어본다.

**5단계.** 이제 공개된 내용을 논의하는 일이 유용할지를 판단할 수 있다. 일반적인 팀의 기본 입장은 회의 의제로 돌아가는 데 있다. 그러나 부담을 덜어주기 위해 어떤 조치를 할 수 있는지, 팀원들이 어떻게 지원이나 도움을 제공할 수 있는지에 대한 토론 장려는 적절하다고 생각할 수 있다.

**6단계.** 회의가 끝나면 같은 질문을 다시 하고 종합 점수에 어떤 개선이 있었는지 확인한다. 팀이 자신이 겪고 있는 압박감에 관해 이야기할 수 있도록 하는 일만으로도 집단적 회복력이 향상되는 경우가 많다.

## 기타 생각

팀이 '바로 이 정확한 순간at this precise moment'에 어떤 기분을 느끼는지 묻는 이유는 과거가 아닌 현재 존재하는 압박감으로 인한 분위기를 테스트하기 위함이다. 따라서 팀원들이 혼자 일할 때 느꼈던 감정이 아니라 그룹 환경에 있는 현재의 감정을 설명하도록 요청하고 있다.

이 연습은 팀이 심리적으로 안전한 환경에서 일하고 있다고 느끼는 사실을 전제로 한다. 즉 조롱이나 제재에 노출될까 봐 두려워하지 않고 약점을 드러내기가 편안하다는 점이다.

이 프로세스에는 분명히 어느 정도의 잠재적 위험이 따른다. 일부 팀원은 이 질문에 불편함을 느끼고 그 이유에 대한 설명 없이 단순히 중간 점수를 선택할 수 있다. 또 이 질문이 촉매제 역할을 하여 팀의 모든 두려움과 좌절이 관리할 준비가 되지 않은 시점에 드러날 위험도 있다. 그렇지만 그 이점은 상당할 수 있다. 팀이 마음을 열 준비가 되어 있다면, 이 도구는 프로젝트뿐만 아니라 서로에 대한 집단적 헌신 의식을 구축하는 데 매우 효과적인 메커니즘을 제공할 수 있다.

## 도구 34
## 건설적인 도전 과제

### 목적

- 문제 해결 시 토론과 사고의 질을 개선한다.
- '집단 사고' 경향을 방지한다.

소요 시간: 개방형

### 이론

효과적인 팀의 특징 가운데 하나는, 개인 사이의 적대감을 조성하지 않으면서도 어려운 주제에 관해 강력하고 도전적인 토론을 할 수 있다는 점이다. 그런데도 팀은 이러한 유형의 도전에 익숙해지는 법을 배워야 하므로, 아이디어를 평가할 수 있는 기본 메커니즘을 갖추는 일은 도움이 될 수 있다.

데이비드 존슨David Johnson과 로저 존슨Roger Johnson은 우리가 주어진 상황에 대한 인식이 제한적이며, 이는 우리 자신의 경험과 정신적 편견에 의해 형성된다는 점을 중요하게 인식했다. 이들은 '건설적 논쟁constructive controversy'(Johnson & Johnson, 1979)이라는 용어를 사용하여, 인간이 자기 입장을 표현하고 방어하기 위해 사용하는, 자연스러운 과정을 통해 작동하는 기술을 소개했지만, 다른 사람들이 이에 이의를 제기하는 데 개방적이었다. 그 순서는 [그림 13]에 나와 있다.

중요한 요소는 자기 아이디어가 최선의 해결책이 아닐 수도 있다는 점을 인정하고, 어느 정도의 불확실성에 대해 열린 자세를 갖추는 데 있다. 열린 자세를 가져야 한다는 점이다. 팀코치의 역할은 이러한 불확실성 대안을 모색하는 기회로 활용하도록 한다. 개인이 다른 사람의 비판에 방어적으로 반응하여 특정 제안에 고착화하지 않도록 한다.

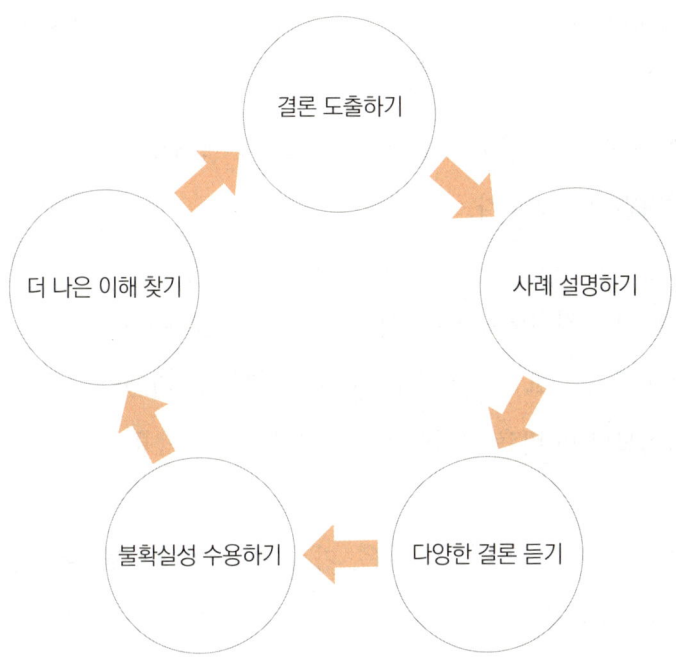

[그림 13] 건설적인 도전 과제 주기

## 도구

**1단계**. 기본 규칙에 동의한다. 팀원 중 누군가가 비판을 받거나, 다른 팀원의 아이디어 비판을 불편하게 느끼면, 긴장이 빠르게 고조될 수 있으므로 이는 매우 중요하다. 프로젝트를 가장 잘 달성함이 목표임을 분명히 한다. 팀은 항상 정서적 반응emotional reactions보다는, 증거와 이유evidence and reason에 기반한 결론에 집중해야 한다.

**2단계**. 문제를 식별하고 요약하며, 모두가 답변해야 할 질문에 대해 명확한지 확인한다.

**3단계**. 팀원 각자에게 5~10분 동안, 잠재적인 해결책에 대해 혼자 생각해 보도록 요청한다(참고: 혼자 생각할 때, 기존의 브레인스토밍 방식보다 더 많은 아이디어가 떠오르는 경향이 있다).

**4단계**. 아이디어를 물어본 다음, 가장 가능성이 커 보이는 해결책 2~3개를 골라낸다.

**5단계**. 다른 팀 구성원에게 특정 해결책을 채택하기 위한 사례를 제시하도록 요청하거나, 하위 팀을 만들 수도 있다.

**6단계**. 다른 팀원들에게 해당 해결책이 효과가 없는 이유에 관해 사례를 제시하도록 요청하고, 모든 팀원에게 존중과 개인적인 비판에 관한 기본 규칙을 상기시킨다. 이 과정에서 단순히 제안이 실현 불가능한 이유를 찾지 않고, 의견을 제시하고 비판하는 방법을 배우기 때문에, 초기에는 약간의 중재가 필요할 수 있다.

**7단계**. 다른 아이디어에 대해서도 5단계와 6단계를 반복한다.

**8단계**. 이제 개인(또는 팀)에게 해결책을 바꾸고, 이전 입장을 지지하거나 반대하는 사례를 제시하도록 요청한다. 이 과정에서 최고의 통찰이 나올 가능성이 크다.

**9단계**. 팀 전체가 납득할 수 있는 해결책을 찾았다면, 간단히 검토하고 팀원들에게 그 프로세스를 어떻게 찾았는지 물어본다. 시간이 지남에 따라, 팀은 이러한 형태의 열린 마음과 이성적인 비평을 받아들이는 방법을 배우게 된다. 이 프로세스는 결국 더 빠르고 쉬워지며 더 적은 구조가 필요하다.


## 감사의 글

이 도구는 마인드 도구 제품군에 게시된 '건설적인 논쟁 - 선택지에 대한 찬반 논쟁을 통해 해결책을 개선하기'(www.mindtools.com/pages/ article/newTMC_71.htm) 기사를 각색했다.

## 도구 35
# 곤란한 뉴스에 대처하는 방법

## 목적

- 팀 성과에 영향을 주지 않고 나쁜 소식을 흡수할 수 있는 역량을 구축한다.

소요 시간: 30~60분(팀 규모에 따라 다름)

## 이론

나쁜 소식을 접할 때 우리는 때때로 다양한 정서 emotions를 경험한다. 프로젝트 맥락에서 이러한 정서는 필요한 결과를 달성하는 팀 능력에 중대한 영향을 미칠 수 있는 사건이 발생하거나, 결정이 내려질 때 생기는 경향이 있다.

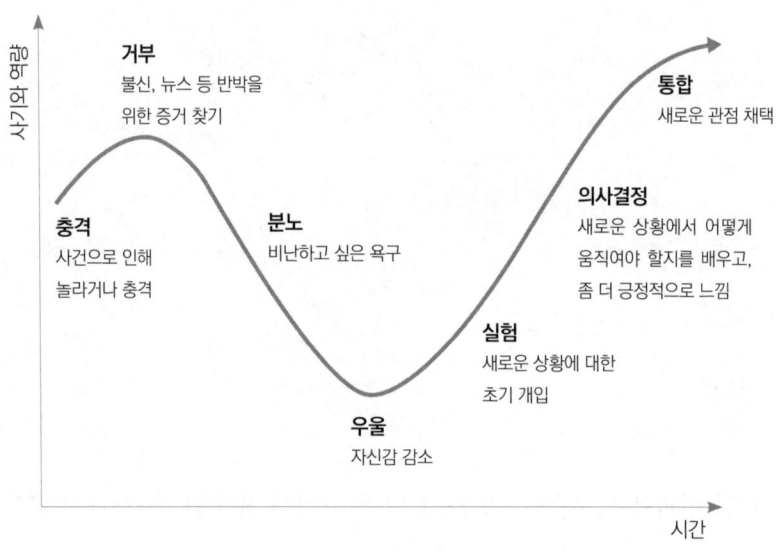

[그림 14] 퀴블러-로스 변화 곡선(Kübler-Ross, 1969)

팀 리더의 목표는 팀 구성원들에게 정보를 전달한 다음 팀 구성원들이 정서적 주기를 거치도록 하는 데 있다. 이는 일반적으로 [그림 14]와 같이 진행된다. 이 순서는 정신과 의사 엘리자베스 퀴블러-로스Elisabeth Kübler-Ross(1969)가 인간이 불치병에 걸렸다는 소식을 접했을 때 어떻게 대처하는지를 설명하기 위해 처음 정립한 개념이다. 이후 이 개념은 신체적 또는 사회적 환경에 중대한 영향을 미칠 수 있는 메시지를 받는 사람들에게도 적용될 수 있음이 밝혀졌다.

주기를 통과하는 데 걸리는 시간은 뉴스의 심각성 정도와 각 개인의 반응에 따라 달라진다.

여러분의 목표는 팀이 특정 단계에 너무 오래 갇혀 있지 않고, 주기를 함께 통과하도록 돕는 데 있다. 비난 문화에 빠지지 않게 하는 노력이 중요하다. 정서와 사실을 분리함으로써 팀 구성원들이 정서를 조절하고 문제를 객관적으로 바라볼 기회를 제공한다.

이 연습은 뉴스의 맥락과 팀 전체에 미치는 영향에 따라 조정되어야 한다. 아래의 간단한 연습에서는 나쁜 뉴스가 시기, 자원 또는 성과 문제와 관련이 있다고 가정한다. 개인적인 비극으로 인해 발생하는 뉴스는 해당하는 상황에 맞는 접근 방식이 필요하다.

## 도구

**1단계**. 팀 구성원들에게 '이 뉴스로 인해 위협이나 분노를 느끼는지, 그렇다면 그 이유는 무엇인가요?'라는 질문을 하고 잠시 생각해 보도록 요청한다.

팀에 영향을 줄 수 있는 다른 정서도 있지만, 두려움과 분노는 뚜렷한 감정으로 끌어내는 데 유용하다. 이 질문은 개인적인 질문이므로 그룹 내 친숙도와 신뢰 수준에 따라 제공된 정보가 달라질 수 있다. 그런데도 팀 구성원들이 생각을 공유하도록 초대해야 한다.

**2단계.** '이 상황을 개선하기 위해 어떤 조치를 할 수 있을까요?'라고 질문한다.

**3단계.** 이제 이 토론을 어떻게 진행할지 결정한다.

## 기타 생각

사이클을 통과하는 데는 시간이 걸리므로 이 연습을 통해 팀이 즉각적으로 '고쳐질' 수 있다고 기대하지 말자. 그렇지만 이 연습으로 팀 구성원들은 지금 취해야 할 일련의 행동에 집중함으로써 상황을 어느 정도 통제할 수 있음을 느낄 수 있어야 한다.

고통부터 명백한 무관심까지, 다양한 반응이 섞여 있을 수 있다. 여러분이 보게 될 행동은 각 사람의 대처 메커니즘과 그들이 주기를 얼마나 빨리 통과하는지를 보여줄 뿐이다.

이 연습은 일부 팀 구성원에게는 불편할 수 있지만, 그 과정을 계속 진행하자. 팀 구성원들이 자신의 정서를 솔직하게 털어놓을 수 있다면, 이를 통해 팀 구성원 간의 유대감이 훨씬 더 강해지고 앞으로 팀 효과성이 높아질 수 있다.

도구 36

# 결함 없는 갈등 관리와 '사악한 천재'

## 목적

- 팀 구성원 간의 갈등을 해결한다.

소요 시간: 60~90분

## 이론

두 명 이상의 팀원이 갈등 상황에 놓였을 때는 되도록 빨리 팀원들을 다시 팀 일원으로서 복귀시켜야 한다. 업무 프로세스에 대한 의견 불일치, 즉 어떤 작업을 수행하거나 수행하지 않는 방식에 관한 문제인 경우, 일반적으로 토론을 통해 갈등을 신속하게 해결할 수 있다. 갈등이 개인적인 문제로 비화되면 보통 나머지 팀원들에게 큰 혼란을 준다. 이 간단한 갈등 모델의 핵심 요소는, 문제로 인해 발생하는 감정을 사실과 분리하여 각각을 표현하고 인정할 시간을 가져다준다. 이 모델은 데이비드 클러터벅David Clutterbuck의 훌륭한 저서 『팀코치 되기Coaching the Team at Work』(2007)에서 발췌했다.

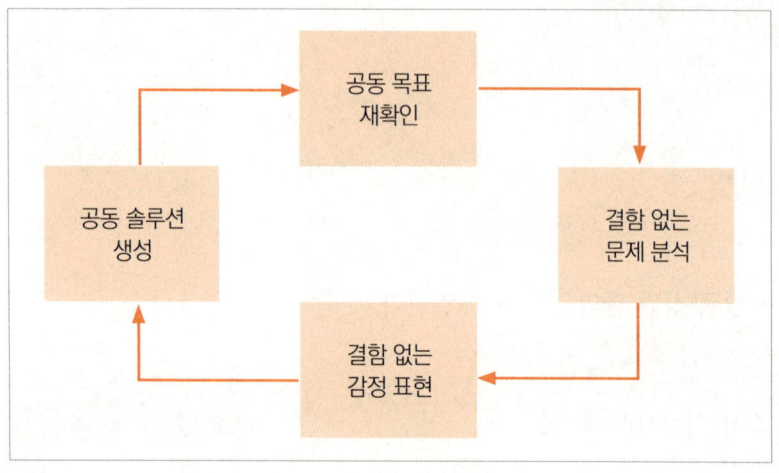

[그림 15] 결함 없는 갈등 해결 프로세스

클러터벅은 많은 갈등의 원인을 '사악한 천재evil genius'로 지목한다(Clutterbuck, 2007). 이 가상의 인물은 상대방의 행동을 부정적으로 해석하고, 당사자의 이성적인 행동 능력을 모호하게 하여 문제를 확대한다. 팀코치의 역할은 당사자들이 사악한 천재의 존재를 인식하도록 돕는 데 있다. 이러한 인식은 당사자들이 대화 과정으로 나아가는 메커니즘으로 작용할 수 있다. 이 제삼자를 식별하여 다른 당사자들은 사실과 감정을 분리하고 이성적인 관점을 되찾을 수 있다.

## 도구

**1단계**. 해결 회의를 준비하기 전에 양측이 충분한 숙고의 시간을 가졌는지 확인한다.

**2단계**. 회의를 시작할 때 사악한 천재의 존재 가능성과 팀이 업무를 수행할 수 있도록 지금 해결해야 하는 갈등을 확대하는 데 있어, 사악한 천재가 어떤 역할을 했는지 설명한다. 이 과정의 목적을 위해 양 당사자는 사악한 천재에게 모든 잘못을 떠넘기도록 요청받는다.

**3단계**. [그림 15]에 나와 있는 순서를 설명한다.

**4단계**. 팀의 목표와 목적을 다시 한번 강조하고 양쪽 모두에게 목표에 계속 헌신할지를 응답해 달라고 요청한다. 양측이 모두 동의한다는 가정하에 이제 합의를 모색할 의무가 있다.

**5단계**. 각 당사자는 차례로 감정적인 짐을 내려놓고 어떤 잘못이나 책임이 없다는 점을 분명히 하면서 자신이 인지한 상황을 설명하도록 요청받는다. 이 순서는 다음과 같이 진행된다.

- 저마다 달성하려고 하는 바는 무엇이며 그 이유는 무엇인가?
- 왜 어려움을 겪고 있는가(그러나 누구의 잘못도 아니다)?
- 이 상황이 다른 사람들에게 어떤 문제를 일으키고 있는가?

**6단계**. 이제 각 당사자에게 자신의 감정적 자아와 다시 연결하고 다음을 밝히도록 요청한다.

- 이들은 어떻게 느끼고 싶은가?
- 이들은 실제로 어떻게 느끼는가?
- 무엇이 이들을 그렇게 느끼게 하는가?

**7단계**. 각 당사자에게 상대방의 문제 일부를 해결할 수 있다고 생각하는지 물어보고, 가능한 경우 관대하게 대하도록 격려하라.

**8단계**. 각 당사자가 상대방을 돕고 문제를 해결하기 위해 하겠다고 제안한 조치에 대해 약속한다.

## 기타 생각

언뜻 보기에 이 방법은 두 사람이 서로의 차이를 해결하도록 독려하는 장황한 방법처럼 보일 수 있다. 분쟁 중인 사람들이 합리적이길 기대하는 함정에 빠지지 마라. 감정emotions이 격해지면 이성적인 사고가 억제된다. 위 프로세스의 가치는 분노와 좌절의 감정을 돌리고 양 당사자가 장기적인 필요에 다시 집중할 수 있도록 하는 메커니즘을 제공한다는 데 있다.

## 도구 37
# 울타리와 움푹 팬 구멍

## 목적

- 팀이 미래를 예측하고 잠재적인 문제를 파악한 다음 논의하도록 장려한다.
- 앞으로의 작업에 대해 개인이 가질 수 있는 우려나 걱정을 끌어낸다.

소요 시간: 30~60분

## 이론

팀이 프로젝트를 처음 시작하거나, 새로운 반복 작업으로 넘어갈 때는 전체 위험 평가 프로세스를 거치지 않고, 앞으로의 과제를 미리 생각해 보도록 격려하는 방법이 유용하다.

작업을 시작하기 전에 그룹이 미래를 예측하도록 장려하면, 앞으로 발생할 수 있는 문제를 어떻게 생각하는지 이해할 기회를 얻을 수 있다. 팀이 압박받기 전에 이러한 대화를 나누면, 팀원 누구도 물러서거나 방어적으로 변하지 않고 비난 없는 토론을 할 수 있다.

눈에 보이는 문제(울타리 hedges)와 아직 눈에 보이지는 않지만, 프로젝트의 상황을 고려할 때 발생할 수 있는 문제(움푹 팬 구멍 potholes)를 구분하면 유용하다. 울타리는 예상할 수 있는 문제이다. 문제의 본질을 이해하면, 막히지 않고 넘어가는 데 필요한 조치를 할 수 있다. 반면에, 움푹 팬 구멍은 어디로 가는지 잘 살펴본다면, 피할 수 있는 잠재적인 문제이다.

처음에는 두려움과 우려를 끌어낸 다음, 잠재적인 완화 조치에 관한 토론을 끌어내면 좋다. 누가 비관론자이고 누가 지나치게 안일한가?

이는 위험 관리의 한 형태이지만, 기술적인 문제로 너무 깊이 들어가지 않도록 피해야 한다. 토론을 더 일반적인 수준으로 유지하면, 팀원 모두가 공동의 과제에 대해 생각하도록 장려한다.

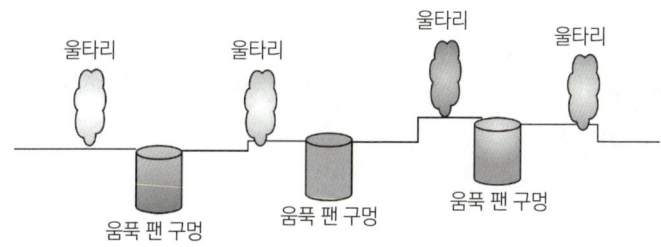

[그림 16] 울타리와 움푹 팬 구멍

## 도구

**1단계**. [그림 16]과 비슷하게 플립 차트에 간단한 다이어그램을 그린다.

**2단계**. 연습의 목적과 환경이 비교적 평온한 지금, 잠재적인 문제에 관해 생각하는 이점을 설명한다.

**3단계**. 눈에 잘 띄고 발생할 가능성이 큰 울타리와 눈에 잘 띄지 않지만 팀을 놀라게 하는 움푹 팬 구멍potholes의 차이점을 설명한다.

**4단계**. 팀원들에게 각자 몇 분 정도 시간을 내어, 눈에 보이는 울타리를 나열해 보라고 요청한다.

**5단계**. '울타리' 목록을 작성하나, 이 단계에서는 어떤 해결책도 논의 하지 않는다.

**6단계**. 이제 팀원들에게 가능한 움푹 팬 구멍에 대해 생각해 보라고 한다. 두 가지 연습을 분리한 이유는 울타리와 움푹 팬 구멍의 개념이 더 깊은 사고를 자극하도록 하기 위해서이다.

**7단계**. 이제 '움푹 팬 구멍'을 나열한다.

**8단계**. 두 목록의 길이는 프로젝트의 규모와 복잡성에 따라 달라진다. 팀에게 '울타리'를 넘기 위해 무엇을 할 수 있는지, 그리고 여러분이 확인한 움푹 팬 구멍을 발견하면 어떻게 할지 생각해 보도록 요청한다.

참석자 수에 따라 한 사람이 토론할 수도 있고, 서너 명씩 그룹으로 나눌 수도 있다.

**9단계**. 회의가 끝난 직후, 결과를 기록하고 회람한다.

## 기타 생각

이 연습은 툴킷의 다른 곳에 설명된 일부 위험 식별 연습과 대체로 유사하다. 이 프로세스는 공식적인 위험 관리 절차가 너무 번거로운, 비교적 짧은 기간의 이니셔티브를 수행하는 소규모 팀에 더 적합할 수 있다.

**도구 38**

# 사전 분석: 리스크 관리를 위한 대안적 접근 방식

## 목적

- 더 확장된 팀의 사고력을 활용하여 앞으로 발생할 문제를 예측할 수 있다.

소요 시간: 2시간

## 이론

프로젝트에 참여해 본 적이 있다면 프로젝트에 참여자들이 함께 모여 무엇이 잘 되었는지, 특히 어떤 문제를 피할 수 있었는지 이야기하는 '교훈을 얻는' 워크숍에 대해 잘 알고 있을 것이다(도구 44 참조). 이 아이디어는 한 프로젝트 또는 반복 작업에서 얻은 교훈을 다음 프로젝트에 적용하기 위함이다. 이 연습은 사실상 '사후분석post mortem'에 해당한다. 유일한 문제는 이러한 사고가 방금 완료된 프로젝트에 도움이 되기에는 너무 늦게 진행된다는 점이다. 그렇다면 프로젝트가 완료되기 전, 무언가 할 기회가 있을 때 '교훈을 얻는' 연습을 하는 일이 유용하지 않을까? '사전분석pre-mortem'을 해보면 어떨까?

사전 분석에 관한 아이디어는 오래전부터 있어 왔으며, 그 공로는 「하버드 비즈니스 리뷰」(2007)에 실린 기사에 이 아이디어를 게재한 게리 클라인Gary Klein 교수 덕분이다. 사전 분석은 리스크 관리의 또 다른 형태로 볼 수 있지만, 중요한 차이점이 있다. 일반적인 리스크 관리 연습은 국지적인 사건 순서에 대한 추정에 기반을 둔 합리적 프로세스이다. 사전 분석으로 참가자들은 이성적인 사고를 뛰어넘는 명확한 증거는 없지만, 프로젝트 참가자들이 느끼는 잠재적으로 매우 현실적인 우려 사항을 명확하게 표현할 수 있게 한다.

이는 엉뚱한 잠재적 위험 찾기가 아니라 '군중의 지혜wisdom of crowds'를 활용하는 방법이다. 다양한 연구에 따르면 여러 사람에게서 답변을 수집하는 것이 전문가의 의견에만 의존하기보다 더 나은 정보를 생산할 수 있다. 이 프로세스의 장점은 팀의 모든 구성원을 폭넓게 참여시키고 특정 기술 전문 분야 이외의 영역에 대한 의견을 제공하도록 요청한다는 점이다.

# 도구

이 도구는 다음의 확장된 사례 이야기를 통해 가장 잘 설명된다.

## 사례 스토리

여러 사람에게 문제를 파악하도록 요청하는 방법은 다양하지만, 내가 참여했던 워크숍을 예로 들어 그 과정을 설명하겠다. 이 프로젝트는 교육 기관을 위한 새로운 시설을 만드는 프로젝트였다. 따라서 설계와 납품이 복잡하고 모든 팀 구성원이 고도로 협업해야 하는 프로젝트였다.

사전 분석 세션은 계약업체와 하청업체, 대학의 운영과 유지보수 직원에 이르기까지 38명이 참석한 분기별 협업 워크숍의 일부였다. 워크숍 당시에는 건물 공사가 대략 절반 정도 진행된 상태였다.

세션은 개념을 설명하고 팀원들에게 '우울해보기 get gloomy'를 요청하는 활동으로 시작되었다. 눈을 감고 프로젝트가 완료되고 얼마 후 동료와 이야기를 나누는 시나리오를 상상해보라는 지침이 나갔는데, 프로젝트에 대한 자부심 대신 슬픔이 느껴졌다. 뭔가 잘못되었기 때문이다. 무슨 일이 있었던 걸까? 몇 분 뒤, 각 참가자에게 문제마다 다른 포스트잇을 사용하여 자기 생각, 걱정, 우려 사항을 적으라고 요청했다.

회의실은 테이블마다 5~6명이 앉을 수 있는 연회 스타일로 꾸몄고, 회의실 벽에는 테이블마다 포스트잇을 붙일 수 있는 종이를 고정해 두었다. 15개 이상의 아이디어가 나온 테이블도 있었지만, 모든 테이블에서 최소 8개 이상의 아이디어를 도출할 수 있었다.

각 팀 구성원에게는 가장 관련성이 높다고 생각하는 문제에 십자 표시를 할 수 있는 두 개의 투표권이 주어졌다. 그런 다음, 참가자들은 방을 돌아다니며 다른 그룹의 문제지를 읽도록 요청받았다. 시트마다 한 표씩 더 주어졌다. 상당히 혼란스러웠던 15분 뒤, 모두가 다시 테이블에 앉았고 각 테이블은 가장 많은 표를 얻은 특정 시트의 이슈를 선택하게 했다. 그룹 토론으로 자신이 선택한 문제가 발생하지 않게 하려면, 어떤 조치를 해야 하는지 파악했다. 10분의 토론 시간이 주어졌고, 그 뒤 지명된 발표자가 참여자 전원에게 발표하도록 했다.

이 세션은 약 한 시간 반 정도 소요되었다. 시간이 더 있었다면, 한 차례 더 문제를 다룰 수 있었겠지만, 모든 문제를 메모하여 참가자들에게 배포하는 식으로 세션을 마무리했다.

노력할 만한 가치가 있었나? 글쎄요. 우리는 주 계약과 장착 프로그램 사이의 주요 잠재적인 의사소통 격차뿐만 아니라 이전에는 명확하게 표현되지 않았던 여러 가지 다른 관련 위험을 확인했다. 가장 큰 장점은 다양한 팀 구성원들이 프로젝트의 이익을 위해 서로 진지하게 토론하고 적극적으로 참여하는 모습을 보면서 협업이 실제로 작동하고 있음을 봤다는 점이다. 따라서 기존의 리스크 관리 프로세스에 대한 대안을 찾고 있거나 협업 정신을 되살릴 간단한 메커니즘을 찾고 있다면, 사전분석을 시도해보자. 결국, 일어날 수 있는 최악의 상황은 무엇일까?

도구 38. 사전 분석: 리스크 관리를 위한 대안적 접근 방식

# 8장
# 학습, 혁신 및 개선을 장려하기 위한 도구

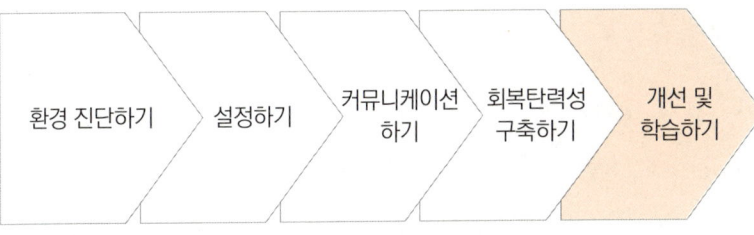

[그림 2E] 팀코칭 모델: 개선 및 학습하기

도구 39. 중간 검토

도구 40. 지식 재고 조사

도구 41. 지식 수집하기

도구 42. 성과는 어떻습니까? - 팀 핵심 성과 지표

도구 43. 창의적 사고를 위한 장벽 제거

도구 44. 성공적인 '교훈 얻기' 세션 진행하기

도구 45. 목적에 맞는 마무리

## 도구 39
## 중간 검토

### 목적

- 팀의 주기 중간 지점에서 잠시 멈추고 팀 프로세스와 행동을 재설정하는 자연스러운 경향을 활용한다.

소요 시간: 반나절 또는 종일(팀 규모와 프로젝트 복잡성에 따라 다름)

### 이론

팀 효과성에 관한 많은 연구에 따르면, 많은 팀이 현재까지의 진행 상황을 공동으로 검토할 수 있는 기간이 있을 때, 작업이나 프로젝트 중간 정도에 자연스러운 지점이 있다. 이 순간 이들은 잠시 멈추고 작업 방식을 조정해야 할 필요성을 인식할 수 있다. 이 자연스러운 중간 지점에 대한 인식은 UCLA의 인적 자원 및 조직 행동 교수인 코니 게르식Connie Gersick(1988)이 발견하였다.

게르식은 프로젝트나 이니셔티브에 참여하는 다양한 팀을 연구했으며, 거의 모든 팀이 중간 지점에서 상당한 전환을 겪었다고 언급했다. 그녀는 오래된 행동 패턴을 멈추고 팀이 앞으로의 작업에 대한 새로운 접근 방식과 태도를 채택하는 다양한 변화를 관찰했다.

## 도구

**1단계.** 팀의 중간 지점이 언제인지 고려한다. 시간 기준일 수도 있고, 작업 기준일 수도 있다.

**2단계.** 중간 지점에서 검토 세션을 마련한다. 프로젝트 팀의 규모와 프로젝트 성격에 따라 반나절이나 온종일 진행할 수도 있다.

**3단계.** 다룰 의제agenda와 진행자 역할을 맡을 사람을 결정한다. 이 세션은 생각을 나누는 세션이므로 의제를 너무 많이 정하지 마라.

**4단계**. 의제의 첫 번째 항목으로 비전과 미션을 재확인한다. 목적은 이 세션을 진행하는 이유를 명확히 하는 데 있다.

**5단계**. 각 팀원에게 프로젝트 전반기에 있었던 일에 대해, 몇 분간 스스로 생각해 보도록 요청한다. 팀원들은 과제 완수뿐만 아니라, 팀원들이 어떻게 협력했는지 등 팀이 잘한 점을 먼저 생각해 보아야 한다. 팀 규모에 따라 소그룹으로 나누어 모두가 적극적으로 기여할 수 있도록 한다. 그룹끼리 토론한 다음, 다시 전체 회의실에서 피드백하도록 요청한다.

**6단계**. 이 과정을 반복하여 이번에는 무엇이 잘되지 않았는지 생각해 본다(비난 금지 규칙을 적용한다 - 도구 19 참조).

**7단계**. 이제 팀원들에게 프로젝트 후반부에 가져가야 할 학습 내용을 파악하도록 요청한다. 이 목록은 세 가지로 구성된다.

- 더 자주 해야 할 일
- 더 잘할 수 있는 일
- 중단해야 할 일

**8단계**. 팀 통합 매뉴얼(도구 20)에 결론을 작성하여 배포하고 저장한다.

## 사례 스토리

중간점 검토의 우수 사례는 금융 기관 규정의 중대한 변경 사항을 준수하는 데 필요한 새로 운영 절차 설계와 구현에 관여하는 팀을 들 수 있다.

프로젝트는 9개월에 걸쳐 시행되도록 계획되었으며, 팀은 새로운 법령이 발효되는 날짜에 모든 일이이 준비되어야 한다는 점을 알고 있었다. 조금 늦게 시작했지만, 여러 부서로 구성된 팀은 작업 범위와 규모를 파악하기 시작했다. 4개월이 남은 시점에서 팀장은 검토 세션을 마련했다. 여기에는 후원자와 일부 주요 이해관계자뿐만 아니라 팀원 모두가 참여했다.

이들은 한 팀으로서 얼마나 효과적으로 일하고 있는지 생각해 보고, 방해되는 여러 가지 문제를 파악했다. 결과는 매우 성공적이었다. 팀원들은 이제 속도를 높일 준비가 되었다고 느꼈다. 이들은 교육과 실행계획을 예정보다 앞당겨 시작할 수 있었고, 마감일 일주일 전에 새로운 시스템을 가동할 수 있었다.

도구 40

# 지식 재고 조사

## 목적

- 팀 지식 창고의 강점과 약점을 이해한다.
- 학습 팀이 되기 위한 개념을 확립한다.

소요 시간: 60-120분(팀 규모에 따라 다름)

## 이론

팀은 특정 목표를 달성하기 위해 시간이 지남에 따라 구성된다. 선택하는 기준은 일반적으로 전문 지식과 경험만큼이나 가용성에 있다. 업무가 복잡할수록 처음에는 팀의 지식과 역량에 공백이 생길 가능성이 크다.

팀 생애주기 초기에 팀 역량을 평가하면, 부족한 부분을 채우는 데 필요한 지식을 구축하거나 찾을 가능성이 커진다. 이 연습은 누가 정확히 무엇을 알고 있는지에 대한 가정을 확인하는 데에도 유용하다.

## 도구

**1단계**. 초기 팀 회의 의제agenda에 '지식 재고 조사'라는 항목을 포함한다.

**2단계**. 위에서 설명한 개념과 팀의 집단적 지식을 조기에 파악하는 일의 가치를 설명한다.

**3단계**. 각 팀원에게 "프로젝트/이니셔티브에 어떤 지식이나 경험을 활용할 수 있다고 생각하나요?"라고 질문한다.

**4단계**. "우리 미션에 꼭 필요한 어떤 지식이나 경험이 빠져 있다고 생각하나요?"라고 질문한다.

**5단계**. "부족한 부분을 채우기 위해 누구를 알고 있거나, 어디로 갈 수 있나요?"라고 질문한다.

**6단계**. 나중에 팀에 합류할 수 있는 사람들에게 도움이 될 수 있도록 이 세션의 결과물을 기록하고 저장하는 방법을 합의한다(도구 41 참조).

## 기타 생각

지식은 미묘한 개념이다. 우리는 사람의 머릿속을 들여다보고, 무엇을 알고 있는지 모르는지 정확히 확인할 수 없으며, 변화하는 세상에서는 정보가 빠르게 재가공redundant된다. 동시에 인터넷을 통해 정보에 접근할 수 있다는 사실은 거의 모든 기술적 문제를 빠르게 파악할 수 있음을 의미한다. 중요한 점은 모든 답을 알기보다 어디서 찾아야 하는지 알기가 더 중요하다는 팀원들의 사고방식을 구축하는 데 있다.

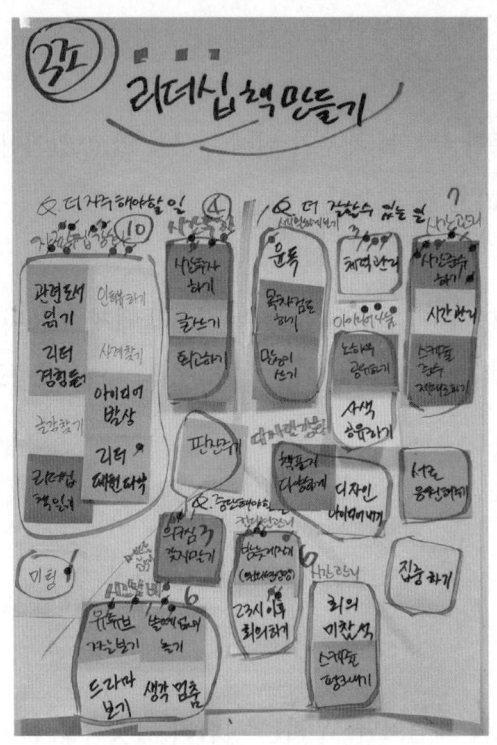

'지식 재고 조사' 적용 사례

### 도구 41

## 지식 수집하기

### 목적

- 팀에서 배운 지식을 식별하고 수집한다.
- 팀 구성원들이 임무를 수행하는 데 필요한 정보를 저장, 보관, 관리할 수 있는 접근이 용이한 공간을 만든다.

소요 시간: 설정과 지속적인 유지 관리에 4~8시간 소요

### 이론

복잡한 작업을 수행하는 팀은 다른 팀 구성원, 특히 주기적이거나

반복적인 업무를 수행하는 팀 구성원에게 상당한 가치가 있는 광범위한 데이터, 정보와 지식을 생성한다. 학습한 지식은 나중에 다른 사람이 사용할 수 있게 기록하거나 문서화하지 않고 사람들의 머릿속에 남아 있는 경향이 있다.

유용한 정보를 포착하지 못하는 데에는 여러 가지 이유가 있다. 가장 일반적인 문제는 팀이 미래에 얻을 수 있는 잠재적 효과성을 고려하지 않고 단기적인 작업 결과물에 너무 집중하기 때문이다. 따라서 지식 수집은 마인드셋의 문제이며, 프로젝트 주기를 시작할 때 팀의 행동 규범 가운데 하나로 다뤄야 한다.

더 현실적인 문제는 정보를 저장하고 접근하기 쉬운 적절한 장소 만들기이다. Dropbox나 Microsoft SharePoint와 같은 애플리케이션을 사용한 공유 폴더 등 다양한 기술을 사용할 수 있다. 이러한 애플리케이션은 폴더 기반 시스템으로, 제한된 양의 데이터에 적합하게 작동한다. 그렇지만 폴더의 양이 많아지면 폴더 구조를 효과적으로 관리하지 않으면 탐색이 어려워질 수 있다. 아래 도구가 대안적인 접근 방식을 제공한다.

## 가능한 도구

내가 현재 가장 좋아하는 애플리케이션은 조직과 팀이 지식을 관리하는 데 도움을 주기 위해 특별히 개발된 MethodGrid라는 애플리케이션이다. 이 프로그램에는 다음과 같은 기능이 있다.

- 웹 기반 지식 저장 솔루션으로, 팀이 어디에 있든 주요 지식과 정보에 쉽게 접근할 수 있다.
- 프레임워크를 결정하면 구조를 쉽게 설정할 수 있다.
- 이 프로그램을 사용하면 프로세스에 맞는 지식 격자grid를 만들 수 있다. 그런 다음 각 격자에는 일련의 요소가 들어 있다. 이런 요소는 텍스트, 내부 및 외부 링크, 파일, 태그된 전문가를 포함한 모든 정보와 데이터를 저장할 수 있는 '상자'이다.

자세한 정보는 www.methodgrid.com에서 확인할 수 있다.

참고: 나는 이 제품에 대해 상업적 또는 재정적 이해관계가 없음을 고지한다. 다만, 베타 테스트에 참여했다.

## 도구 42
## 성과는 어떻습니까? - 팀 핵심 성과 지표

### 목적

- 응집력 있는 단위로 일할 수 있는 능력에 대한 팀 인식을 추적한다.

소요 시간: 설정하는 데 하루, 데이터를 수집, 분석 및 보고하는 데 한 달에 2~4시간

### 이론

소프트 이슈 문제를 논의할 때, 근본 원인이 잘못된 행동에 있다는 문제를 명확히 하는 데 어려움을 겪다 보면 대화가 금방 끊어질 수

있다. 따라서 주기적으로 모든 팀원에게 짧은 피드백 연습에 참여하도록 요청하여, 팀의 진행 상황과 문제를 일으키는 부분을 수정하기 위해 기울여야 할 부분을 모니터링하면 좋다.

피드백 구조는 팀의 핵심 성과 지표 일부를 구성하는 여러 측정값을 중심으로 설계할 수 있다. 문제는 무엇을 측정할 수 있는가이다. [표 8]은 팀에 관한 연구에서 강력한 팀 성과의 선행 지표로 밝혀진 12개이다. 1에서 10까지의 척도를 사용하여 응답자는 각 질문에 대해 의견에 동의하는 정도에 따라 높거나 낮은 점수를 부여할 수 있다.

팀원 대다수가 데이터를 제공할 때만 프로세스가 효과적으로 작동하므로, 이러한 조치가 중요하다는 데에 팀원들이 동의해야 한다. 일정 기간 프로그램이 진행됨에 따라 추세를 모니터링하고 무엇이 변화하고 있는지 확인할 수 있다는 점에서 가치가 있다.

[표 8] 팀 행동에 영향을 미치는 것으로 밝혀진 핵심 성과 지표(KPI)의 예시

| 높은 점수 | 행동 지표 | 낮은 점수 |
|---|---|---|
| 프로젝트를 제공하기 위한 전략은 명확하다. | 명확한 전략 | 프로젝트를 어떻게 진행할지 전혀 확신할 수 없다. |
| 약점과 실수를 솔직하게 인정하도록 장려하는 팀 문화가 있다. | 신뢰 | 팀에서 실수를 인정하는 것은 위험하다. |
| 팀이 일관되게 서로를 존중한다고 느낀다. | 존중 | 팀원들이 서로에게 무례하게 행동하는 경우가 많다. |
| 프로젝트를 수행할 때 팀원 각자의 역할과 책임을 명확히 알고 있다. | 역할 및 책임 | 각 팀원의 업무 범위를 벗어난 문제에 대한 책임이 누구에게 있는지 잘 모를 때가 많다. |
| 책임을 전가하기보다는 문제에서 배우려는 팀 문화가 형성되어 있다. | '비난 없음' 문화 | 많은 팀원들이 문제가 발생하면 다른 사람을 탓하는 본능적인 반응을 보인다. |
| 프로젝트에 영향을 미치는 모든 중요한 결정에 관해 충분히 안다고 느낀다. | 커뮤니케이션 | 중요한 문제에 대해 속도를 내지 못한다고 느낀다. |
| 모든 관련 정보를 공유하기 위한 시스템과 프로세스는 명확하고 잘 확립되어 있다 | 정보 공유 | 정보 공유는 임시적이고 비정형적이다. |
| 팀 문화는 주도적으로 문제를 해결하도록 장려한다. | 주도권 장려 | 프로젝트에서는 다른 형태의 행동을 제안하는 것을 권장하지 않는다. |
| 팀의 접근 방식에서 유연성의 사례를 자주 본다. | 접근 방식의 유연성 | 문제 해결에 대한 팀의 접근 방식이 경직되어 있다. |
| 경영진이 협력 전략을 채택하기 위해 최선을 다하고 있다고 믿는다. | 통합 작업에 대한 기업의 헌신 | 고위 경영진의 행동은 통합 팀을 만드는 데 거의 믿음이 없음을 나타낸다. |
| 팀원 모두가 하나의 팀 정신에 전념하고 있다고 믿는다. | 하나의 팀 기풍 | 팀을 서로 독립적으로 일하는 전문가 그룹으로 본다. |
| 모든 회의는 설득력이 있고, 체계적이며 생산적이다. | 회의 | 대부분 회의는 체계적이지 않고 결정적이지 않은 결과를 낳는다. |

## 도구

**1단계.** 팀과 행동 핵심 성과 지표(KPI) 측정 원칙에 동의한다.

**2단계.** 팀 규모에 적합한 데이터 수집 방법을 결정한다. 20명 미만으로 구성된 팀의 경우 스프레드시트 또는 Survey Monkey와 같은 간단한 온라인 도구를 사용한다. 더 큰 그룹의 경우 RADAR과 같은 독점 시스템을 고려한다(www.resolex.com 참조).

**3단계.** 모니터링 주기에 동의한다(예: 매주 또는 매월).

**4단계.** 팀과 협력하여 어떤 행동 핵심 성과 지표가 성과에 대한 유용한 척도를 제공할지 합의한다.

**5단계.** 설문지를 관리할 사람과 데이터를 다시 보고하는 방법에 동의한다.

**6단계.** 첫 번째 보고서가 완료되면 팀과 결과를 논의하고 필요한 조치에 동의한다.

**7단계.** 합의된 조치를 이행한다.

**8단계.** 합의된 일정에 따라 주기를 반복한다.


## 기타 생각

1. 사람들이 피드백 프로세스에 익숙해지기까지 일반적으로 약 3개월이 걸린다. 따라서 처음 두 주기는 통찰력을 거의 제공하지 않는 데이터를 생성할 수 있으므로 프로세스를 계속 진행할 수 있게 준비하라. '소프트' 문제를 논의할 수 있는 '하드hard' 데이터를 제공하는 일은 데이터 트렌드이다.

2. 프로젝트가 길어질수록 팀원들의 '피드백 피로감'이 생길 수 있다는 점을 고려해야 한다. 매달 동일한 데이터를 제공하려는 관심은 시간이 지남에 따라 줄어들 수 있다. 따라서 기여율을 모니터링하여 필요할 때 관심을 다시 불러일으킬 수 있도록 조치하면 좋다. 지속적인 관심은 데이터가 팀에 피드백되는 방식과 팀원들이 자신의 피드백이 주목받고 있다고 느끼는 정도에 따라 달라진다. 피드백에 대해 아무 조치도 하지 않으면, 기여하려고 노력한 사람들의 사기가 크게 떨어지게 된다.

3. 프로젝트 관계가 프로그램을 진행함에 따라 주요 지표를 변경해야 할 수도 있다. 더는 유용하지 않은 일부 조치를 조정하는 일을 두려워하지 마라. 프로젝트의 반복 또는 각 단계가 끝날 때 검토 절차에는 핵심 성과 지표 데이터 검토도 포함하여야 한다.

도구 **43**

# 창의적 사고를 위한 장벽 제거

## 목적

- 팀이 창의적 사고를 방해하는 장벽을 제거한다.

소요 시간: 10분

## 이론

기존 문제에 대한 창의적인 해결책을 찾아야 할 때, 많은 사람이 처음에는 변화를 가로막는 현재의 장벽에 집중하고 그 너머에서 새로운 가능성이 어떻게 나타날지 생각하지 않는 경향이 있다. '그건 절대 안 될 거야…'라는 생각을 표현하고 싶은 충동을 느끼는 경우가 많다.

이러한 본능적 반응은, 새로운 아이디어의 잠재력과 이를 실제 행동 계획으로 발전시킬 방법을 창의적으로 생각하는 능력을 방해한다. 즉각적인 장벽 대부분은 약간의 생각으로 극복할 수 있지만, 팀이 장기적인 이점을 감지할 수 없다면, 해결책을 찾기 위해 필요한 노력을 기울이지 않을 수 있다.

아래에 설명된 프로세스를 통해 팀은 현재의 장애물이나 장벽이 더는 문제가 되지 않는다면, 어떤 일이 일어날지 상상해 보고, 새로운 아이디어를 평가하고, 그 이점을 파악하고, 최상의 해결책을 실행해야 하는 강박적인 이유를 찾을 수 있다.

## 도구

**1단계.** 아이디어와 선택 사항에 대해 논의할 때, 좋은 아이디어의 실행을 막는 즉각적인 장애물을 재빨리 파악하려는 누군가의 경향을 경계한다.

**2단계**. 팀원들에게 잠시 멈춰서, 일시적으로 장벽을 사라지게 할 힘이 있는 요정 대모fairy godmother가 있다고 상상해 보라고 한다.

**3단계**. 이제 장벽이 더는 존재하지 않게 되었으니, 팀원들이 계속해서 아이디어를 검토하고 실행에 옮기는 데 필요한 작업을 작성하도록 격려한다.

**4단계**. 이제 아이디어를 추진해야 하는 더 강박적인 이유가 생겨, 요정 대모가 더는 장벽을 붙잡을 수 없으므로, 장벽이 진행에 장애물로 돌아왔다고 설명한다.

**5단계**. 이제 장벽에 초점을 맞추고, 역장 분석(도구 8 참조)과 같은 문제 해결 도구를 사용하여, 장벽을 어떻게 극복할지 계획을 세운다.

## 기타 생각

이 매우 간단한 메커니즘은 정신적 대역폭 대부분을 차지하는 당면 과제와 이슈를 넘어, 팀의 시간 지평을 넓히는 방식으로 작동한다. 일상적인 사고 대부분은 논리와 이성적인 과정을 다루는 좌뇌에서 이루어진다. 단기적인 문제를 제거하면, 새로운 개념과 대안적 가능성을 볼 수 있는 우뇌로 사고의 초점을 옮길 수 있다.

## 도구 44
# 성공적인 '교훈 얻기' 세션 진행하기

## 목적

- 프로젝트 진행 과정에서 얻은 경험을 더 깊이 이해할 수 있다.
- 조직적 지식을 쌓을 수 있다.

소요 시간: 반나절 또는 온종일(팀, 프로젝트 규모에 따라 다름)

## 이론

성인 학습에 관한 연구에서는 최근 경험에 관해 생각하고, 일어난 일을 되돌아보고, 대안적인 행동 방침을 모색하는 시간을 마련하는 활동들의 가치를 강조한다. 조직이 새로운 환경에 적응하기 위해서는 외부 컨설턴트가 소개하는 새로운 비즈니스 모델을 도입하기보다 최근의 경험에서 얻은 학습을 활용하는 게 더 실질적인 이점이 될 수 있다.

'교훈 얻기lessons learned' 워크숍은 특히 그룹으로 진행할 때 개인과 기업의 지식 구축에 매우 효과적인 메커니즘이라는 사실이 여러 연구에서 밝혀졌다. 연구에 따르면 성인은 프로젝트가 끝나거나 프로젝트가 반복될 때 성찰과 배울 준비가 가장 잘 된다고 한다. 그러나 혼자 남겨두면 바로 눈앞에 있는 경험 이상의 문제에 대해 제대로 생각할 시간을 갖지 못하는 경우가 많다.

'교훈 얻기' 세션은 디브리핑과는 매우 다르다. 디브리핑은 전술적 개선을 위한 매우 효과적인 방법으로, 특정 프로세스나 작업을 개선하는 방법에 초점을 맞춘 연습이다. '교훈 얻기' 세션은 팀이 함께 협력하여 프로젝트 진행 중에 발생한 중요한 이벤트를 탐색하는 더 심층적인 프로세스이다. 강한 감정이 가라앉고 팀이 더 객관적인 시각을 가질 수 있도록 시간이 지나야 한다.

## 도구

**1단계**. 사전 작업. 프로젝트가 끝날 무렵(또는 프로젝트의 한 단계) 모든 팀 구성원이 참석할 수 있도록 충분한 공지를 통해 '교훈 얻기' 워크숍을 계획한다. 작업이 완료되어 도중에 팀을 떠났던 팀 구성원에게도 참석을 요청할 수 있다. 처음부터 팀원들의 동의를 얻었다면 참석을 유도하기가 더 쉽다(아래의 기타 의견 참조).

**2단계**. 세션 일주일 전에 아주 간단한 설문지를 작성하여 각각의 팀 구성원들에게 보낸다. 그들에게 다루어야 한다고 생각하는 주요 이슈를 간략하게 설명해 달라고 요청하자.

**3단계**. 응답을 바탕으로 시간적 여유에 따라 3~5개의 토론 의제를 만든다.

**4단계**. 이 세션은 사고의 장이 되어야 하며(기법 2 참조), '비난 금지'(도구 19 참조) 환경에서만 진행될 수 있다는 점을 명확히 합의한 후 워크숍을 시작한다.

**5단계**. 각 문제에 대해 다음 질문을 통해 해결한다.

- 무슨 일이 일어났는가?
- 왜 효과가 있었는가/없었는가?
- 더 큰 상황/영향은 무엇이었는가?
- 상황을 다르게 처리할 수 있었는가?
- 이 경험을 통해 무엇을 더 배울 수 있었는가?

**6단계.** 세션을 마무리하기 위해 팀에게 '오늘 이 프로젝트를 다시 시작한다면 성공하기 위해 무엇을 준비하겠습니까?'라고 질문한다.

**7단계.** 이 세션에서 얻은 학습을 조직 전체에 어떻게 저장하고 전파할지 합의한다.

## 기타 생각

패트리샤 카릴로 Patricia Carrillo와 그녀의 동료들이 수행한 연구(2013)에 따르면, 많은 조직이 '교훈 얻기' 연습을 수행하기 위한 프로토콜과 방법론을 갖추고 있지만, 대부분 조직이 이를 실행하는 데 매우 미흡한 수준으로 나타났다. 여기에는 시간 압박, 팀 가용성, 관리 지원 부족 등 여러 가지 현실적인 이유가 있다. 내가 직접 관찰한 바에 따르면, '교훈 얻기' 연습은 프로젝트 리더가 프로젝트 계획 과정의 일부가 아닌 사후 고려 사항으로 선택하는 경우가 너무 많다는 점이다. 일반적인 '교훈 얻기' 연습은 프로젝트나 이니셔티브가 끝날 때 이루어지므로 프로젝트에 직접적인 이점이 거의 없으며, 적절한 우선순위가 부여되지 않는다.

해답은 프로젝트를 시작할 때 모든 사람이 합의된 미래의 날짜에 '교훈 얻기' 세션에 참여한다는 동의를 얻으면 된다. 미리 동의를 구하면, 이벤트가 프로젝트 주기를 성공적으로 마무리할 수 있는 메커니즘으로 자리 잡을 가능성이 훨씬 커진다.

### 도구 45
# 목적에 맞는 마무리

## 목적

- 프로젝트 주기가 완료됨에 따라 팀을 체계적으로 마무리한다.
- 팀이 건전한 정신적 접근 방식으로 다음 역할로 이동할 수 있게 한다.

소요 시간: 90~120분

## 이론

프로젝트는 일반적으로 기간이 한정되어 있으며 목표에 도달하면 팀을 해체하고 다음 작업이나 역할로 이동해야 한다.

결말의 맥락은 팀마다 다를 수 있다. 많은 프로젝트에서 개인들은 자신의 역할이 줄어들면서 표류하게 된다. 다른 프로젝트는 갑작스럽게 중단될 수도 있다. 시나리오가 무엇이든, 인간은 본질에서 부족적tribal이라는 점을 이해해야 한다. 특히 프로젝트가 극심한 압박을 받을 때 우리는 팀원들과 강한 애착을 형성하는 경우가 많다. 팀이 프로젝트 종료를 인정하고 각 팀원이 한 번의 프로젝트를 마감하고, 다음으로 넘어갈 필요성을 감정적으로 받아들일 수 있는 말이나 행동을 할 수 있도록 허용하는 과정을 거치게 하는 일이 중요하다.

## 도구

프로젝트의 특정 상황에 따라 달라지므로 프로젝트를 종료할 때 따라야 할 명확한 작업 순서는 없다. 각자의 상황에 맞게 다음 순서를 채택한다.

**1단계.** 일종의 축하 행사가 되도록 마무리 회의를 조직한다. 프로젝트가 실패했더라도 어떻게든 마무리하는 과정은 중요하다.

**2단계**. 자신의 관점에서 프로젝트를 요약해서 말하고, 개인적으로 좋았던 점과 아쉬웠던 점을 이야기하라.

**3단계**. 방을 돌아다니며 각 팀원에게 이 프로젝트에서 기억에 남는 점이 무엇인지 물어본다.

**4단계**. 팀원들에게 어떻게 연락을 유지할 수 있는지 물어본다. 향후 재결합, 소셜 미디어를 통해 연락을 유지하거나 단순히 소식을 교환할 수도 있다. 이 질문은 향후 어떤 형태로든 재결합할 것이라는 느낌을 주기 때문에 중요하다.

**5단계**. 각 팀원에게 팀 경험을 한 단어로 설명해 달라고 요청하여 세션을 마무리한다.

**6단계**. 티슈 상자를 나눠준다(선택 사항).

**7단계**. 맥주 한 잔 하러 가라 Go to the Pub (선택 사항 아님).

# 4부 다음은?

# 9장
# 읽기 목록과 기타 자료

## 읽기 목록

다음 다섯 권의 책을 읽어보라고 추천한다.

| | |
|---|---|
| 피터 호킨스Peter Hawkins, 『리더십 팀코칭』 | 이 책은 새로운 팀코칭 프랙티셔너에게 훌륭한 기초를 제공한다. 이 책의 핵심은 다섯 가지 핵심 규율에 기반을 둔 모델이다. 이를 통해 저자는 팀 역동과 개발에 대한 다양한 통찰력을 제공하는 구조를 만든다. 팀코칭으로 한 단계 더 나아가고자 하는 숙련된 코치에게 추천한다. |
| 데이비드 클러터벅David Clutterbuck, 『팀코치 되기』 | 실제 팀워크의 개념과 코칭 개입이 이론과 실제에서 어떻게 작동하는지를 소개하는 훌륭한 책이다. 팀이 함께 학습하고 조직 지식을 쌓을 수 있도록 돕는 데 중점을 둔다. 팀코칭 스타일의 리더십을 도입하고자 하는 관리자에게 추천한다. |

| 리사 애드킨스Lyssa Adkins, 『애자일 팀코칭』 | 리사의 글은 대부분 소프트웨어 업계에서의 활동에 초점을 맞추고 있지만, 프로젝트 팀코칭에 대한 훌륭한 통찰력을 제공한다. 이 책은 또한 방법론으로서의 '애자일'에 대한 우수한 설명도 제시하고 있다. '애자일'이 팀 맥락에서 어떻게 작동할지 잘 모르겠다면 이 책은 읽어볼 가치가 있다.<br>경영 철학의 전환에 관심이 있는 모든 산업 분야의 프로젝트 매니저에게 추천한다. |
|---|---|
| 토니 르웰린Tony Llewellyn, 『복잡한 프로젝트를 위한 성과 코칭』 | 프로젝트 관리 발전 시리즈의 일부로 출간된 이 책은 프로젝트 매니저에게 복잡한 환경에서 작업할 때 팀 성과에 관한 모범 사례를 소개하기 위해 작성했다.<br>복잡성을 다룰 때 단계적 변화의 필요성을 인식하는 프로젝트 매니저와 교차 기능 팀의 리더에게 권장한다. |
| 얀 R. 카젠바흐Jan R. Katzenbach와 더글라스 스미스Douglas Smith, 『팀의 지혜』 | 팀 개발에 관한 대부분 저자가 팀워크를 정의하는 기본 기준으로 사용하는 책이다. 저자는 진정한 팀이 무엇이며 효과적인 팀이 진화하는 데 시간이 걸리는 이유를 명확하게 정의한다. 흥미로운 사례와 함께 설명하는 이 책은 팀 역동과 팀 성과에 영향을 미치는 활동 유형을 더 깊이 이해하는 데 도움이 될 것이다.<br>팀 개발의 기본을 이해하는 데 관심이 있는 모든 분에게 추천한다. |

## 기타 자원

또 '팀코칭 존The Team Coaching Zone'이라는 팟캐스트도 적극 추천한다. 진행자인 크리스터 로우Krister Lowe는 팀 개발과 관련하여 각기 다른 전문 분야를 가진 다양한 출연자들을 모았다. 모든 팟캐스트에 관심 있는 주제가 있으므로 뒷부분의 전체 카탈로그를 살펴볼 가치가 있다.

# 참고 문헌

Adkins, L. (2010) *Coaching Agile Teams: A Companion for ScrumMasters, Agile Coaches and Project Managers in Transition*. Addison Wesley, Boston.

Arcona, D., Bresman, H. & Kaeufer, K. (2002) 'The Comparative Advantage of X-Teams', *MIT Sloane Management Review*, 43 (3), pp. 33–39.

Bass, B.M. (1990) *Bass & Stogdill's Handbook of Leadership: Theory, Research & Managerial Applications*. Free Press, New York.

Beck, K., Beedle, M., Bennekum, A., van Cockburn, A., Cunningham, W., Fowler, M., Grenning, J., Highsmith, J., Hunt, A., Jeffries, R., Kern, J., Marick, B., Martin, R.C., Mellor, S., Schwaber, K., Sutherland, J. and Thomas D. (2001) *Agile Manifesto*. Available from agilemanifesto.org/.

Carrillo, P., Ruikar, K., & Fuller, P. (2013) 'When Will We Learn? Improving Lessons Learned Practice in Construction', *International Journal of Project Management*, 31 (4), pp. 567–578.

Clutterbuck, D. (2007) *Coaching The Team at Work*. Nicholas Brearley International, London. 『팀코치 되기: 팀코칭 가이드』, 동국대학교 동국상담코칭연구소 옮김. 한국코칭수퍼비전아카데미. 2024.

Earley, C. and Mosakowski, E. (2000) 'Creating Hybrid Team Cultures: An Empirical Test of Transnational Team Functioning', *The Academy of Management Journal*, 43 (1), pp. 26–49.

Firth, D. & Leigh, A. (2010) *The Corporate Fool*. Available from www.davidfirth.com.

Gersick, C. (1988) 'Time and Transition in Work Teams: Toward a Model of Group Develop- ment', *Academy of Management Journal*, 31 (1), pp. 9–41.

Greenleaf, R. (1970) *The Servant as Leader*. Center for Applied Studies, Cambridge, Mass. Available from www.greenleaf.org/products-page/the-servant-as-leader/

Janis, Irving L. (1972) *Victims of Groupthink*. New York: Houghton Mifflin. Available from www.psysr.org/about/pubs_resources/groupthink overview.htm.

Jarche, H. (2015) 'The Triple-A Organisation and PKM', *Wirearchy: Sketches for the Future of Work*, ed. Jon Husband. Available from: wirearchy.com/wirearchy-the-ebook/

Johnson, D.W. & Johnson, R.T. (1979) 'Conflict in the Classroom: Controversy and Learning', *Review of Educational Research*, 49 (1), pp. 51–69.

Kahneman, D. (2011) *Thinking, Fast and Slow*. Penguin, London.

Katzenbach, J.R. & Smith, D. (1993) *The Wisdom of Teams: Creating the High-Performance Organization*. Harper Business School Press, New York.

Klein, G. (2007) 'Performing a Project Premortem', *Harvard Business Review* (September).

Kline, N. (1999) *Time to Think: Listening to Ignite the Human Mind*. Cassell Illustrated, London.

Kübler-Ross, E. (1969) *On Death and Dying*. Scribner, New York.

Lencioni, P. (2004) *Death by Meeting, A Leadership Fable About Solving the Most Painful Problem in Business*. Jossey-Bass, San Francisco.

Lewin, K. (1951) *Field Theory in Social Science: Selected Theoretical Papers* ed. Dorwin Cartwright. Harper & Row, New York.

Llewellyn, T. (2015) *Performance Coaching for Complex Projects*. Routledge, London.

McGuire, J.B. and Tang, V. (2011) 'Slow Down to Speed Up', Forbes Online. Available from www.forbes.com/2011/02/23/slow-down-speed-effi ciency-leadership-managing-ccl.html.

Mind Tools Editorial Team (May 2017) 'Constructive Controversy'. Available from www.mind-tools.com/pages/article/newTMC_71.htm.

Perry, E.E. Jr., Karney, D.F. & Spencer, D.G. (2012) 'Team Establishment of

Self-Managed Work Teams: A Model from the Field'. *Team Performance Management* 19 (1-2), pp. 87-108.

Schein, E. (2013) *Humble Inquiry: Th e Gentle Art of Asking instead of Telling*. Berrett-Koehler, San Francisco. 『리더의 질문법: 조직의 성과를 이끄는 신뢰와 협력의 소통 전략』 노승영 역. 심심. 2022.

Sibbet, D. (2010) *Visual Meetings: How Graphics, Sticky Notes and Idea Mapping Can Transform Group Productivity*. John Wiley & Sons, New Jersey.

Stacey, R.D. (2003) *Strategic Management and Organisational Dynamics: The Challenge of Complexity*, Prentice Hall, Harlow.

Tuckman, B. (1965) 'Developmental Sequence in Small Groups', *Psychological Bulletin* 63 (6), pp. 384-399.

West, M. (2011) *Effective Teamwork: Practical Lessons from Organizational Research*. John Wiley & Sons, London

# 역자 소개

### 박순천

Fides Coaching Group 대표, 한국팀코칭학회(KATC) 이사, 팀코칭아카데미(TCA) 전문가 과정 트레이너, ICF Korea Charter Chapter 기획위원회 부위원장으로 활동하고 있으며, '개인과 조직의 구성원들이 삶과 일의 균형을 이루고 목표하는 바를 이루도록 돕는 일'을 하고 있다. 동국대학교 경영대학원에서 국제경영을 전공하고 경영학 석사학위, 경기대학교 일반대학원에서 이벤트국제회의를 전공하고 박사학위를 취득했다. 10여년 간 인문고전에 관심을 가지고 고전을 탐구하였으며, 뇌과학에도 관심을 가지고 학습하였다. 현재 국제코칭연맹ICF 인증전문코치(PCC), 갤럽 글로벌강점코치, (사)한국코치협회 인증 전문코치(KPC), NLP 국제인증 마스터 프랙티셔너, CAC 성품코치, MBTI Global 코치, 블루밍경영연구소 파트너 코치로 인터널코치육성과정/비즈니스코칭과정 퍼실리테이터, 임파워링코칭 퍼실리테이터, 한국퍼실리테이터협회/(사)글로벌퍼실리테이션협회 인증 퍼실리테이터로 활동 중이며, 외국계 기업에서 근무한 글로벌 경험을 바탕으로 ICF International Coaching Week 행사를 기획하고 운영하였다. 개인과 조직을 대상으로 1,200여 시간의 코칭, 강점기반 팀코칭, 현장에서 팀/그룹 코칭, 워크숍, 강의를 진행하고 있다. (주)쿠퍼실리테이션그룹에서 이니셔티브, ORP 연구소에서 회의를 촉진하는 퍼실리테이션과정을 이수했으며, ICF ACTP 과정, CRR Global ORS@work 팀코칭 자격 과정, (사)한국코치협회 ACPK 기초, 심화, 역량 과정 280시간 이수, 한국퍼실리테이터협회 인증 기초, 심화, 전문 교육 과정 100시간, 갤럽 글로벌강점 코칭과정, 코칭슈퍼비전스쿨, 한국코칭수퍼비전아카데미 교육과정, 한국코치협회 비즈니스코칭/안전코칭 과정 등을 학습하면서, 코치, ICF 인증 Assessor, 퍼실리테이터로서의 전문역량 향상을 위해 계속 노력하고 있다. 저서로『팀코칭 이론과 실천: 팀을 넘어 위대함으로』(2022, 공역),『팀코칭 사례연구』(2024, 공역),『그림책을 활용한 감정코칭』(2024, 공저)『유니버설 랭귀지』(2015, 공저)외 다수가 있다. 팀/조직 창의성, 팀/조직 개발과 혁신, 브레인 영성코칭을 통해 현장에서 개인과 조직의 변혁적 성장을 돕고 있다. 팀/그룹 코칭, 강점기반 조직문화 개발코칭, 코칭 수퍼비전, 일대일 개인 코칭, 강의(코칭리더십, 강점), 브레인 영성코칭, CAC 성품코칭, 고객 맞춤형 워크숍 기획/진행 전문가이다.
이메일 문의: selscp@naver.com


### 박정화

조직웰빙디자인연구소(OWDI) 대표, 한국팀코칭학회(KATC) 사무국장, 팀코칭아카데미(TCA) 전문가 과정 트레이너로 활동하고 있다. 국제뇌교육종합대학원대학교(UBE) 통합헬스케어학과 겸임교수, ICF Korea Charter Chapter 교육위원회 위원을 역임했다. '사람과 조직의 생명력 넘치는 미적 숭고함, 위대한 가치 창조와 행복을 돕는 일'을 하고 있다. 이화여자대학교에서 인문학 학사, 국방대학교에서 국방관리 석사, 국제뇌교육종합대학원대학교에서 뇌교육학 박사학위를 취득했으며, 최근 이화여자대학교 일반대학원 경영학과 경영정보시스템(MIS) 박사과정을 수료하고, 현재 동 대학교 경영예술연구센터에서 경영예술과 미학경영, 마스터피스 전략을 즐겁게 공부하고 있다. 정예서함께성장인문학연구원에서 동서양 고전을 읽고 글을 쓰는 연구원으로 1년 6개월간 3천여 명에게 주 1회 칼럼을 발송하기도 했던 인문학 칼럼니스트이다. 현재 (사)

한국코치협회 인증 수퍼바이저코치(KSC), 국제코칭연맹ICF 인증 전문코치(PCC), 한국퍼실리테이터협회/(사)글로벌퍼실리테이션협회 인증전문퍼실리테이터(CPF)로서 활동 중이며, 대한민국 육군에서 20년간 장교로서 인사 전문 인력으로 복무한 경험과 더불어, 개인과 조직을 대상으로 1,300여 시간의 일대일 코칭, 1,500여 시간의 팀/그룹 코칭, 워크숍, 조직개발, 100여 시간의 코칭수퍼비전을 진행하고 있다. 특히, 임원단, 팀장급 대상 리더십 팀코칭, 전사 차원에서의 팀 단위 팀코칭, 군 간부 리더십 팀코칭 등 30여개 팀을 대상으로 진행했다. (주)쿠퍼실리테이션그룹에서 조직개발 전문가 과정(18개월) 1기를 이수했으며, ICF ACTP 2개 과정 283시간, AoEC Systemic Team Coaching Certificate 24시간, CRR Global ORS@work 팀코칭 자격 과정 20시간, CCMI Team Coaching Foundation 20.25시간, (사)한국코치협회 ACPK 기초, 심화, 역량 과정 488시간 이수, 한국퍼실리테이터협회 인증 기초, 심화, 전문 교육 과정 183시간, 수퍼리더십개발코치 과정 132시간, 코칭슈퍼비전스쿨 150시간, 한국코칭수퍼비전아카데미 교육 과정 160시간 등 총 1,220여 시간을 학습하면서, 코치, 퍼실리테이터, 조직개발 컨설턴트, 시스테믹 팀코치로서의 전문역량 향상을 위해 계속 노력하고 있다. 저서로『마스터피스 전략: 경영을 예술하라』(2022, 공저),『리더십 팀코칭: 변혁적 팀 리더십 개발을 넘어』(2022, 공역),『팀코칭 이론과 실천: 팀을 넘어 위대함으로』

(2022, 공역), 『리더십 팀코칭 프랙티스: 매우 효과적인 팀을 만드는 사례 연구』(2023, 공역), 『팀코칭 사례 연구』(2024, 공역), 『탁월한 팀을 만드는 55가지 기법과 도구』(2024, 공역)가 있다. 팀/조직 창의성, 팀/조직 개발과 혁신, 조직 구성원들의 웰빙, 사람과 조직이 행복한 조직문화, AI 지식경영과 혁신, 셀프리더십을 촉진하는 수퍼리더십, 경영예술과 미학경영으로 열어가는 새로운 경영 패러다임의 마스터피스 전략, 미학 리더십, 미학 코칭에 관심을 두고 있으며, 현장에서 개인과 조직의 변혁적 성장을 돕는 조직웰빙 디자이너이다. 시스테믹 팀코칭, 그룹 코칭, 조직개발 코칭, 코칭 수퍼비전, 일대일 개인 코칭, 강의(개인/조직 창의성, 조직문화 혁신, 조직 미학, 마스터피스 전략, 미학 리더십과 뇌 기반 코칭), 고객 맞춤형 워크숍 기획/진행 전문가이다.
이메일 문의: owdi_designer@naver.com

## 윤선동

현재 '온전한 존재인 사람과 조직의 성장을 함께 한다'는 모토 아래 창립한 동인재개발원(DHRD) 대표이자, 공간 사브작 주인장이다. 한국팀코칭학회(KATC) 이사, 팀코칭아카데미(TCA) 전문가과정 트레이너, 서울사이버대학교 군경상담학과 겸임교수, 한국강

사신문 편집팀장, ICF Korea Charter Chapter 기획위원회 위원으로도 활동하고 있다. 국방대학교 리더십학 석사를 졸업하고, 중앙대학교 인적자원개발 박사과정을 수료하였다. 대한민국 육군과 공군에서 약 25년간 복무하였으며, 공군보라매리더십센터 리더십 교수를 끝으로 군문을 나섰다. 국제코칭연맹 인증전문코치(PCC), (사)한국코치협회 인증전문코치(KPC), 한국퍼실리테이터협회/(사)글로벌퍼실리테이션협회 인증 전문퍼실리테이터(CPF)이다. 평생학습훈련자로, NLP 프랙티셔너, 버크만 프리뷰 디브리퍼, 나를알고상대를아는에니어그램코칭 강사, DiSC 강사, Big5 활용 강사, Virtue 퍼실리테이터, 에니어그램 강사, 한국어교원자격, 사회복지사, 정사서, 교류분석상담사, 행정사, SMAT 컨설턴트 등 다수의 자격이 있다. ICF ACTP 2개 과정 258시간, ORS@work 팀코칭 자격 과정 20시간, CCMI Team Coaching Foundation Workshop 20시간, ADR 일반과정 등 갈등관리과정 53시간, (사)한국코치협회 ACPK 기초, 심화, 역량 과정을 포함하여 다수의 코칭교육과정 464시간, 코칭관련 교육 335시간 등 지속적으로 학습하고, 이를 현장에 적용하고 있다. 코칭에 입문한 배경은 holistic, resourceful, creative라는 인간의 온전함을 바라보는 코칭철학에 매료되어 시작하게 되었으며, 현재는 팀코칭과 그룹 코칭, 코칭 관련 프로그램개발과 운영, 리더십, 조직내 여성리더십, 갈등관리와 의사소통, 성인지 마인드셋에 대한 연구와 강의가 주업무이다. 세부적으로 연구, 교육경력은 개인과 조직을 대상으로 한 코칭시간은 이제 막 1,000시간이 넘었고, 조직에서 리더십 및 조직문화관련 연구 및 교관교수로 5년, 성인지 마인드셋 교육 500여 시간이 있다. 저서로는 『리더십 팀코칭: 변혁적 팀 리더십 개발을 넘어』(2022, 공역), 『팀코칭 이론과 실천: 팀을 넘어 위대함으로』(2022, 공역), 『리더십 팀코칭 프랙티스: 매우 효과적인 팀을 만드는 사례 연구』(2023, 공역), 『팀코칭 사례연구』(2024, 공역)가 있다. 필모와 관심 영역이 다양한데, 그 가운데는 모두 사람과 호기심, 도전이 들어있다. 리더십과 코칭을 지속적으로 공부하는 이유도 본능적인 이끌림 때문이다. 신성한 개인으로서 책임과 권리를 다하고, 사람과 사람으로 만들어진 조직이 좀 더 재미있고 신났으면 좋겠다는 바램이다. 출근할 때 기분 좋고, 퇴근할 때도 기분 좋은 조직을 만드는 것이 꿈이다. 이런 연장선상에서 최근에는, 리더십-건강한 조직문화-팀코칭의 연계와 조직과 개인의 지속가능한 상생, 경계에 선 사람들의 일상회복 지원에 관심이 많다.

이메일 문의: yia27@hanmail.net

# 발간사

### 호모코치쿠스 52
### 『탁월한 팀을 만드는 55가지 도구와 기법』

이 책은 팀코치가 난관을 돌파하고 새로운 상상을 위한 디딤돌이 되는 책이다. 도구나 방법을 쉽게 찾을 수 있다는 장점은 오히려 덤이다. 엄선된 55가지의 도구와 기법이 주를 이루나 각각의 조합과 배합은 수많은 변주로 가능하기에 그 수手는 오히려 무한에 가깝다. 팀과 같이 뒹굴며 매회 마주하는 상황과 조건은 마치 항해하며 부딪치는 바람과 파도의 변화무쌍함에 필적한다. 이 점에서 55가지 도구와 방법은 기본적인 초식招式이며, 이를 연결하고 배합하는 변주는 코치의 상상을 기다린다. 바람과 파도에 몸을 싣고 자유로이 변주하는 팀코치가 연상된다.

팀코칭 항해의 선장은 과연 누구인가? 팀코치인가, 팀 리더인가, 팀원인가, 아니면 팀십teamship으로 드러나는 '팀 그 자체'인가? 분명한 건 팀코치가 선장 자리에 직접 앉는 것은 아닐 것이다. 그렇다면 팀코치에게 고민이 되는 것은 '방법'이 아니라 이를 슬그머니 '팀'에게 전하는 옆구리 건드리듯 전하는 넛지nudge이다. 이를 언제 어떻게 전달할 것인가. 앞에 서서 방법 그 자체를 줄 것인가. 아니면 넌지시 알려줄 것인가, 또는 훈련소에서 이미 익혔으니 이제 너 나름대로 발휘해 보면 된다며 따뜻한 눈빛만을 보낼 것인가. 이 순간 코치의 실천 능력capability이 관건이다.

이를 제외한다면 절실한 것은 팀을 이끄는 팀 리더나 팀원들이 이 초식을 익히는 것이다. 그렇게만 된다면 그들의 항해력은 남다를 것이다. '어떻게'를 찾는 팀원들에게 방향 제시나 설명보다는 '방법이나 도구'를 주고 이를 현실에 적용하기를 일임하는 식이다. 그럴 때 방법이나 도구를 전달하며 상상과 응용을 위한 예시도 함께 전해야 할 것이다. 그래야 제시한 55가지 방법과 도구는 살아 있는 것이 된다. 이렇게 되면 초점은 다시 팀코치에게로 귀결된다. 활용의 방향이 **어디**이고, **언제**라는 적절한 시점을 발견하는 것/그 예시를 보여주고 상상하도록 안내하는 것은 결국 코치의 몫이 된다.

팀코칭 현장의 작은 차이가 눈에 들어온다. [1]팀 성장과 개발을 위한 교육-장에서 '팀코칭'을 익히기, [2]팀의 현실을 등에 지고 교육-장에 와서 팀을 바라보며 자기 경험을 살피고 되돌아가 (다르게) 실천하게 안내하는 팀 '빌딩'이나 팀 '개발'에 방점을 둔 팀코칭, ③처한 실제 현실 그 자체를 있는 그대로 다루고 매회 만나 변화하는 상황과 현실을 함께 헤쳐 나가는, 이른바 '실전 팀코칭', 물론 ④이와 같은 활동 장에서 트레이니에게 배우고, 배움의 장에서 새로운 배움을 얻는 전문 팀코치와 또 ⑤다른 배움을 만드는 팀코칭 수퍼비전 등이다. 팀코치는 이를 구별해야 한다.

이런 작은 차이에 주목하며 관계 맺는 '코치의 손手'에는 세 가지가 있다. 의도의 손, 방법의 손, 마음의 손이다. 한때 웨인 다이어 Wayne Dyer는 『의도의 힘』에서 의도intention라는 단어의 의미를 새롭게 확장한 바 있다. 그는 의도를 실마리로 내면의 지혜와 만남을 풍부하게 설명하며 의도의 일곱 가지 얼굴로 의미를 확장했다. 그 같은 개념의 확장보다는 필자는 코치가 내미는 '의도의 손'은 '순수 지향' 의도로 자신의 존재에 거처를 두고 일치됨integrity에 의한 '의도'를 강조한다. 코치가 '코치이'나 팀에게 행하는 모든 활동은 '의도'를 지니기 마련이다. 그러나 순수-지향에서 배어 나온 '의도의 손'이 언제나 잘 통하는 것은 아니다. 코치는 당연히 성찰을 통해 자신의 의도를 재검토하고, 자기 의도의 온전하지 못하거나 일치하지 않는 점을 마주하며 '완전하지 않을 수 있는' 용기를 쌓아간다. 그러나 그런 '순수-지향' 의도는 '코치이'나 팀(원)에 의해 소통되지 않을 수 있다. 코치와의 관계 역동이 이를 방해한다. 이때 필요한 것이 '방도方道의 손'이다. 방법方法, 방도만을 제시하고 그것을 통해 의도를 이루고자 함이다. 이 경우 당연히 의도가 앞서서는 안 된다. 오로지 방법과 방도의 손만 내밀 뿐이고 그 길을 밀고 가는 것이다. 방법이나 방도가 주는 간결함이나 명료함, 또 그것을 통해 얻게 되는 새로움은 그들 스스로 갈 길을 재촉하고 코치와도 '통'하게 된다. 방법이 없는 의도의 손은 의도와는 달리 '설명'하게 되고 그러다 보면 과하게 된다. 코치의 발걸음도 어지럽고 끝내는 미끄러진다. 그러나 의도가 없이는 '방법'을 찾을 길 없고 그 방도를 따른다고 할지라도 지체와 곡절을 경험하게 된다. 의도가 불분명했기 때문이다. 이렇게 '**의도**는 **방법**으로 **구현**되고, **방법**은 **의도**로 **마련**되어야' 한다. 이때 코치의 의도란 곧 '(코칭)기획'을 말한다. 그렇다면 이 의도와 방법의 손, 두 가지 손이면 충분한가? 절대 그렇지 않다. 의도와 방법이 밀접하다 해도 '마음'이 함께 해야 한다. 이것이 없으면 될 일도 안 된다. 마지막 필요한 코치의 '손'이 바로 '마음의 손'이다. 이를 어떻게 알 수 있는가. 마음의 손이란 곧 '마음-냄, 마음-씀'을 말한다. 눈에 보이지 않기에 경험으로 알 수 있을 터다. 마음 없이 어떻게, 무슨 일이든 가능하겠는가? 마음 없이는 될 일도 안 되는 게 세상 이치지만 코치의 일은 더욱 그렇다. 그러나 경험을 통해 있는 줄 알게 되는 '마음-씀', 마음의 손은 그 경험을 다시 살펴보며 성찰을 통해서나 알아차릴 수 있다. 자신의 '경험'을 되돌아 보고 경험에서 배울 수 있어야 마음의 손이 가능하다. 그렇다면 이 또한 경험하게 하는 '방법과 방도'를 필요로 한다. 이렇듯 서로 맞물려 있는 것이 '코치의 세 가지 손'이다.

 이 책은 '방법과 도구'를 제공한다. 이 책의 여러 방법은 코치의 의도와 마음이 연결되지 않으면, 즉 기획과 마음-씀으로 적절히 결합해 활용하지 않으면 그 맛이 훨씬 덜하다.

번역하며 현실에 적용해 보고, 강의도 해보며 다시 번역문을 되돌아본 역자들에게 감사한 마음이다. 또 분망한 작업 일정을 기다려 준 것도 의미가 있으리라. 이 책을 활용하는 코치들에게도 감사의 마음을 전한다. 편집을 마무리하고 온전한 책이 되게 손길을 더한 이상진 님에게도 언제나 감사하다.

2024. 9. 27.
발행인 코치 김상복

# 호모코치쿠스

### 코칭 튠업 21
: ICF 11가지 핵심 역량과 MCC 역량

김상복 지음

### 뇌를 춤추게 하라
: 두뇌 기반 코칭 이론과 실제
Neuroscience for Coaching

에이미 브랜 지음
최병현, 이혜진 옮김

### 마음챙김 코칭
: 지금-여기-순간-존재-하기
Mindful Coaching

리즈 홀 지음
최병현, 이혜진, 김성익, 박진수 옮김

### 코칭 윤리와 법
: 코칭입문자를 위한 안내
Law & Ethics in Coaching

패트릭 윌리암스, 샤론 앤더슨 지음
김상복, 우진희 옮김

### 조직을 변화시키는 코칭 문화
How to create a coaching culture

질리안 존스, 로 고렐 지음
최병현, 이혜진 외 옮김

### 내러티브 상호협력 코칭
: 3세대 코칭 방법론
A Guide to Third Generation Coaching:
Narrative-Collaborative Theory and Practice

라인하드 스텔터 지음
최병현, 이혜진 옮김

### 임원코칭의 블랙박스
Tricky Coaching

맨프레드 F. R. 케츠 드 브리스 외 편집
한숙기 옮김

### 마스터 코치의 10가지 중심 이론
Mastery in Coaching

조나단 패스모어 편집
김선숙, 김윤하 외 옮김

### 코칭·컨설팅
수퍼비전의 관계적 접근
Supervision in Action

에릭 드 한 지음
김상복, 조선경, 최병현 옮김

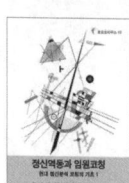

### 정신역동과 임원코칭
: 현대 정신분석 코칭의 기초1
Executive Coaching:
A Psychodynamic Approach

캐서린 샌들러 지음
김상복 옮김

### 수퍼비전
: 조력 전문가를 위한 일곱 눈 모델
Supervision in the Helping Professions

피터 호킨스, 로빈 쇼헤트 지음
이신애, 김상복 옮김

### 코칭 프레즌스
: 코칭개입에서 의식과 자각의 형성
Coaching Presence: Building Consciousness
and Awareness in Coaching Interventions

마리아 일리프 우드 지음
김혜연 옮김

### 멘탈력
정신적 강인함에 대한 최초의 이론적 접근
Developing Mental Toughness:
Coaching strategies to improve
performance, resilience and wellbeing

더그 스트리챠크직, 피터 클러프 지음
안병욱, 이민경 옮김

### 코치 앤 카우치
Coach and Couch

맨프레드 F.R. 케츠 드 브리스 외 지음
조선경, 이희상, 김상복 옮김

### 리더의 정치학
: 조직개혁과 시대전환을 위한 창발 리더십 모델
Leading Change: How Successful Leaders
Approach Change Management

폴 로렌스 지음
최병현, 윤상진, 이종학, 김태훈, 권영미 옮김

### 고용 가능성
고용+가능성 업그레이드 전략
Developing Employability and Enterprise:
Coaching Strategies for Success in the Workplace

더그 스트리챠크직, 샬롯 보즈워스 지음
조현수, 최현수 옮김

### 게슈탈트 코칭
바로 지금 여기
Gestalt Coaching: Right here, right now

피터 브루커트 지음
임기용, 이종광, 고나영 옮김

### 강점 기반 리더십 코칭
: 조직 내 긍정적 리더십 개발을 위한 가이드
Strength_based leadership Coaching
in Organization An Evidence based guide
to positive leadership development

덕 매키 지음
김소정 옮김

### 영화, 심리학과 라이프 코칭의 거울
The Cinematic Mirror for Psychology and
Life Coaching

메리 뱅크스 그레거슨 편저
앤디 황, 이신애 옮김

### 영웅의 여정
자기 발견을 위한 NLP 코칭
The Hero's Journey: A voyage of self-discovery

스테판 길리건, 로버트 딜츠 지음
나성재 옮김

### VUCA 시대의 조직 문화와 피어코칭
Peer Coaching at Work

폴리 파커, 팀 홀, 캐시 크램,
일레인 와서먼 지음
최동하, 윤경희, 이현정 옮김

### 정신역동 마음챙김 리더십
: 내면으로의 여정과 코칭
Mindful Leadership Coaching
: Journeys into the interior

맨프레드 F.R. 케츠 드 브리스 지음
김상복, 최병현, 이혜진 옮김

### 실존주의 코칭 입문
: 알아차림·용기·주도적 삶을 위한 철학적 접근
An Introduction to Existential Coaching

야닉 제이콥 지음
박신후 옮김

### 공감으로 완성하는 코칭
: 평범함에서 탁월함으로
Coaching with Empathy.

앤 브록뱅크, 이안 맥길 지음
김소영 옮김

### 내러티브 코칭
: 새 스토리의 삶을 위한 확실한 가이드
Narrative Coaching: The Definitive Guide to Bringing New Stories to Lif

데이비드 드레이크 지음
김상복, 김혜연, 서정미 옮김

### ADHD 코칭
: 정신건강 전문가를 위한 가이드
ADHD Coaching: A Guide for Mental Health Professionals

프란시스 프레벳, 아비가일 레브리니 지음
문은영, 박한나, 가요한 옮김

### 시스템 코칭
: 개인을 넘어 가치로
Systemic Coaching: Delivering Value Beyond the Individual

피터 호킨스, 이브 터너 지음
최은주 옮김

### 글로벌 코치 되기
: 코칭 역량과 ICF 필수 가이드
Becoming a Coach

조나단 페스모어, 트레이시 싱클레어 지음
김상학 옮김

### 시스템 코칭과 컨스텔레이션
개인, 팀 및 그룹에 대한 원칙, 실천 및 적용
Systemic Coaching & Consitellations

존 휘팅턴 지음
가향순, 문현숙, 임정희, 홍삼렬, 홍승지 옮김

### 10가지 코칭 주제와 사례 연구
: 20개 사례, 40개 논평, 720개 주석, 19개 실습 사례
Complex Situations in Coaching

디마 루이스, 폴린 파티엔 디오숑 지음
김상복 옮김

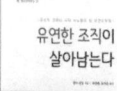

### 유연한 조직이 살아남는다
포스트 코로나 시대
뉴노멀이 된 유연근무제
Flexible Workingㅁ

젬마 데일 지음
최병현, 윤재훈 옮김

### 인지행동 코칭
: 30가지 고유한 특징
Cognitive Behavioural Coaching: Distinctive Features

마이클 니난 지음
엘리 홍 옮김

### 쿼바디스
: 팬데믹 시대, 죽음과 리더의 실존적 도전
QUO VADIS?: The Existential Challenges of Leaders

맨프레드 F. R. 케츠 드 브리스 지음
고태현 옮김

### 코칭과 트라우마
: 생존 자기를 넘어 나아가기
Coacjing and Trauma

줄리아 본 스미스 지음
이명진, 이세민 옮김

### 단일 회기 코칭과 비연속 일회성 코칭
: 30가지 고유한 특징
Single-Session Coaching and One-At-A-Time Coaching: Distinctive Features

윈디 드라이덴 지음
남기웅, 안재은 옮김

### 리더십 팀코칭
: 변혁적 팀 리더십 개발을 넘어
Leadership Team Coaching

피터 호킨스 지음
강하룡, 박정화, 박준혁, 윤선동 옮김

### 코칭과 정신 건강 가이드
: 코칭에서 심리적 과제 다루기
A Guide to Coaching and Mental Health:
The Recognition and Management of Psychological Issues

앤드류 버클리, 캐롤 버클리 지음
김상복 옮김

### 리더의 속살
: 추악함, 사악함, 기괴함에 관한 글
Leadership Unhinged: Essays on the Ugly, the Bad, and the Weird

맨프레드 F. R. 케츠 드 브리스 지음
강준호 옮김

### 정신역동 코칭
: 30가지 고유한 특징
– 현대 정신분석 코칭의 기초2
Psychodynamic Coaching: Distinctive Features

클라우디아 나겔 지음
김상복 옮김

### 경영자의 마음
: 리더십, 인생, 변화에 대한 명상록
The CEO Whisperer: Meditations on Leadership, Life, and Change

맨프레드 F. R. 케츠 드 브리스 지음
강준호 옮김

### 코칭심리학(2판)
실천연구자를 위한 안내서
Handbook of Coaching Psychology

스티븐 팔머, 앨리스 와이브로우 편저
강준호, 김태리, 김현화, 신혜인 옮김

### 팀코치 되기
: 팀코칭 가이드
Coaching the Team at Work: The definitive guide to team coaching

데이비드 클러터벅 지음
동국대학교 동국상담코칭연구소 옮김

### 팀코칭 이론과 실천
팀을 넘어 위대함으로
The Practitioner's handbook of TEAM COACHING

데이비드 클러터벅, 주디 갸넌 편집
강하룡, 박순천, 박정화, 박준혁,
우성희, 윤선동, 최미숙 옮김

### 웰다잉 코칭
생의 마지막 여정을 돕는
Coaching at End of Life

돈 아이젠하워, J. 발 헤이스팅 지음
정익구 옮김

### 리더의 일상적 위협
: 모래 늪에서 허우적거릴 때 살아남는 방법
The Daily Perils of Executive Life: How to Survive When Dancing on Quicksand

맨프레드 F. R. 케츠 드 브리스 지음
고태현 옮김

### 리더십 팀코칭 프랙티스(3판)
: 매우 효과적인 팀을 만드는 사례 연구
Leadership Team Coaching in Practice:
Case studies on creating highly effective teams

피터 호킨스 편저
강하룡, 박정화, 윤선동, 최미숙 옮김

### 팀코칭 사례 연구
The Team Coaching Casebook

데이비드 클러터벅, 타미 터너 외 지음
박순천, 박정화, 우성희, 윤선동 옮김

### 수퍼바이지와 수퍼비전
: 수퍼비전을 위한 가이드
Being Supervised A Guide for Supervision

에릭 드 한, 윌레민 레구인 지음
김상복, 박미영, 한경미 옮김

### 지혜 방정식
: 불확실한 시대, 지혜로 이끄는 법
Leading Wisely: Becoming a Reflective Leader in Turbulent Times

맨프레드 F. R. 케츠 드 브리스 지음
조경훈 옮김

### 코칭 윤리 사례 연구
Ethical Case Studies for Coach Development and Practice

웬디-앤 스미스, 에바 허쉬 폰테스, 두미 사니 마가드렐라, 데이비드 클러터벅 편저
김상복, 김현주, 이서우 옮김

### 현대 코칭의 이론과 실천
The SAGE Handbook of Coaching

타티아니 바흐키로바, 고든 스펜스, 데이비드 드레이크 편저
김상복, 윤순옥, 한민아, 한선희 옮김

### 탁월한 팀을 만드는 55가지 도구와 기법
: 팀코칭 툴킷
The Team Coaching Toolkit: 55 Tools and Techniques for Building Brilliant Teams

토니 르웰린 지음
박순천, 박정화, 윤선동 옮김

## (출간 예정)

### 인지행동 기반 라이프코칭
Life Coaching: A Cognitive behavioural approach

마이클 니난, 윈디 드라이덴 지음
정익구 옮김

### 코칭수퍼비전의 이론과 모색
Coaching and Mentoring Supervision: Theory and Practice

타티아나 바흐키로바, 피터 잭슨, 데이비드 클러터벅 편저
김상복, 최병현 옮김

### 해결 중심 팀코칭
Solution Focused Team Coaching

커스틴 디롤프, 크리스티나 뭴, 카를로 페르페토, 라팔 스쟈니아프스키 지음
김현주, 이서우, 정혜선, 허영숙 옮김

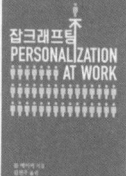
### 잡크래프팅
Persnalization at Work

롭 베이커 지음
김현주 옮김

### 조직개발 중심 팀코칭
: 팀, 리더, 조직, 코치, 수퍼비전 접근
Team Coaching for Organisational Development: Team, Leader, Organisation, Coach and Supervision Perspectives

헬렌 징크 지음
김채식, 박정화, 우성희, 윤선동 옮김

### 관계 중심 팀코칭
Relational Team Coaching

에릭 드한, 도로시 스토펠시 편저
김현주, 박정화, 윤선동, 이서우 옮김

### 잡크래프팅
: 자율적 직무재창조와 실천
ジョブ・クラフティング: 仕事の自律的再創造に向けた理論的・実践的アプローチ

다카오 요시아키, 모리나가 유타 엮음
김현주, 이정숙 옮김

### 조직 역할 분석(ORA) 기반 코칭
Coaching in Depth: The Organizational Role Analysis Approach

존 뉴턴, 수잔 롱, 버카드 시버스 지음
박정화 옮김

### 코칭 윤리 연구와 실천 핸드북
: 윤리적 성숙성과 실천을 위한 가이드
The Ethical Coaches' Handbook

웬디-앤 스미스, 조나단 패스모어, 이브 터너, 이-링 라이, 데이비드 클러터벅 편저
김상복 옮김

### 코칭 수퍼비전 가이드
Coaching Supervision: A practical guide for supervisees

데이비드 클러터벅, 캐롤 휘태커, 미셸 루카스 지음
김상복 옮김

### 101가지 코칭 수퍼비전 질문과 기술
101 Coaching Supervision Techniques, Approaches, Enquiries and Experiments

미셸 루카스 편저
김상복, 김현주, 이서우, 정혜선, 허영숙 옮김

### 동료 수퍼비전
: 코칭과 멘토링의 성찰적 실천
Peer Supervision in Coaching and Mentoring: A Versatile Guide for Reflective Practice

태미 터너, 캐롤 휘태커, 미셸 루카스 지음
김현주, 박정화, 이서우, 정혜선, 허영숙 옮김

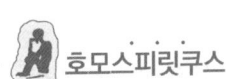
## 호모스피릿쿠스

### 나르시시스트와 직장생활하기
Narcissism at Work: Personality Disorders of Corporate Leaders

마리 린느 제르맹 지음
문은영, 가요한 옮김

### 정신분석 심리치료의 기본과 실천
: 정신분석·지지적 심리치료와의 차이

아가쯔마 소우 지음
최영은, 김상복 옮김

### 조력 전문가를 위한 공감적 경청
共感的傾聽術
: 精神分析的に"聽く"力を高める

고미야 노보루 지음
이주윤 옮김

### 코로나 시대의 정신분석적 임상
'만남'의 상실과 회복
コロナと精神分析的臨床

오기모토 카이, 키타야마 오사무 편집
최영은, 김태리 옮김

### 트라우마와 정신분석적 '접근'
핵심 이론과 일곱 가지 사례
トラウマの精神分析的アプローチ

마쓰기 구니히로 편집
김상복 옮김

### 라캉 정신분석 치료
이론과 실천의 교차점
ラカン派精神分析の治療論

아가사가 가즈야 지음
김상복 옮김

## 코칭 A to Z

**누구나 할 수 있는 코칭 대화 모델**
: GROW_candy 모델 이해와 활용

김상복 지음

**세상의 모든 질문**
: 아하에서 이크까지, 질문적 사고와 질문 공장

김현주 지음

**첫 고객·첫 세션 어떻게 할 것인가**
(1) 윤리적 가이드라인과 전문가 기준에 의한 고객 만남
(2) 코칭 계약과 코칭 동의 수립하기

김상복 지음

**코칭방법론**
: 조직 운영과 성과 리더십 향상을 돕는 효과성 코칭의 틀

이석재 지음

**코치 100% 활용하는 법**
: 코칭을 만난 당신에게

김현주, 박종석, 박현진, 변익상, 이서우, 정익구, 한성지 지음

**실전 코칭 운영과 코칭 스킬**
: capability, skill, narrative

김상복 지음

## 코칭 하이브리드

**영화처럼 리더처럼**
: 크고 작은 시민리더 이야기

최병현, 김태훈, 이종학, 윤상진, 권영미 지음

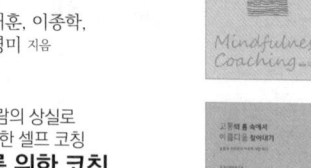
**마음챙김 코칭**
: WHO에서 실행까지
Mindfulness Coaching: Have Transformational Coaching Conversations and Cultivate Coaching Skills Mastery

사티암 베로니카 찰머스 지음
김종성, 남관희, 오효성 옮김

사랑하는 사람의 상실로 슬픈 나를 위한 셀프 코칭
**슬픈 나를 위한 코칭**

돈 아이젠하워 지음
안병욱, 이민경 옮김

**고통의 틈 속에서 아름다움 찾아내기**
: 슬픔과 미망인의 여정에 대한 회고

펠리시아 G Y 램 지음
강준호 옮김

## 코쿱북스

### 코칭의 역사
Sourcebook Coaching History

비키 브록 지음
김경화, 김상복 외 15명 옮김

### 101가지 코칭의 전략과 기술
: 젊은 코치의 필수 핸드북
101 Coaching Strategies and Technique

글래디나 맥마흔, 앤 아처 지음
김민영, 한성지 옮김

### 리더십을 위한 코칭
Coaching for Leadership

마샬 골드 스미스,
로렌스 라이언스 외 지음
고태현 옮김

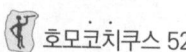 호모코치쿠스 52

**탁월한 팀을 만드는 55가지 도구와 기법**

초판 1쇄 발행　　2024년 10월 10일

펴낸이　　｜　김상복
지은이　　｜　토니 르웰린
옮긴이　　｜　박순천, 박정화, 윤선동
편　집　　｜　정익구
디자인　　｜　이상진
제작처　　｜　비전팩토리
펴낸곳　　｜　한국코칭수퍼비전아카데미
출판등록　　｜　2017년 3월 28일 제2018-000274호
주　소　　｜　서울시 마포구 포은로 8길 8. 1005호
문의전화 (영업/도서 주문)
　　　　전화　｜　050-7791-2333
　　　　메일　｜　jyg9921@naver.com
　　　　편집　｜　hellojisan@gmail.com
www.coachingbooks.co.kr
www.facebook.com/coachingbookshop

ISBN 979-11-89736-63-7 (93320)
책값은 뒤표지에 있습니다.

코칭북스는 한국코칭수퍼비전아카데미의 코칭 전문 브랜드입니다.